A SABEDORIA DA BÍBLIA

A SABEDORIA DA BÍBLIA
A ESSÊNCIA DOS ENSINAMENTOS ESPIRITUAIS DO MAIOR BEST-SELLER DE TODOS OS TEMPOS

Seleção, organização e introdução de
THOMAZ PAULA LEITE

Editora Pensamento
SÃO PAULO

Todos os direitos reservados. Nenhuma parte deste livro pode ser reproduzida ou usada de qualquer forma ou por qualquer meio, eletrônico ou mecânico, inclusive fotocópias, gravações ou sistema de armazenamento em banco de dados, sem permissão por escrito, exceto nos casos de trechos curtos citados em resenhas críticas ou artigos de revistas.

A Editora Pensamento-Cultrix Ltda. não se responsabiliza por eventuais mudanças ocorridas nos endereços convencionais ou eletrônicos citados neste livro.

Originalmente publicado pela Editora Cultrix com o título de *A Sabedoria da Bíblia*.

Dados Internacionais de Catalogação na Publicação (CIP)
(Câmara Brasileira do Livro, SP, Brasil)

A Sabedoria da Bíblia : a essência dos ensinamentos espirituais do maior best-seller de todos os tempos / seleção, organização e introdução de Thomaz Paula Leite . -- São Paulo : Pensamento, 2009.

ISBN 978-85-315-1604-7

1. Bíblia - Estudo e ensino 2. Bíblia - Introduções
I. Leite, Thomaz Paula.

09-10200　　　　　　　　　　　　　　　　　CDD--220.07

Índices para catálogo sistemático:
1. Bíblia : Estudos 220.07

O primeiro número à esquerda indica a edição, ou reedição, desta obra. A primeira dezena à direita indica o ano em que esta edição, ou reedição, foi publicada.

Edição　　　　　　　　　　　　　　　　　　　　　　　　　　　Ano
01-02-03-04-05-06-07-08　　　　　　　　　　09-10-11-12-13-14-15-16

Direitos reservados
EDITORA PENSAMENTO-CULTRIX LTDA.
Rua Dr. Mário Vicente, 368 — 04270-000 — São Paulo, SP
Fone: 2066-9000 — Fax: 2066-9008
E-mail: pensamento@cultrix.com.br

Sumário

Nota Preliminar   7

Introdução   9

Livros da Bíblia   37

Índice de Citações   41

Citações Bíblicas   45

Nota Preliminar

Ao coligir e ordenar estas ideias, abstive-me de qualquer finalidade definida.

Lanço-as, indistintamente, a todos os que, por qualquer razão, se interessam pelos assuntos bíblicos, ou mesmo deles se desinteressam.

É um livro para todos e a todos trará alguma utilidade; aos que o lerem com propósito doutrinário ou com ímpetos de fé, bem como aos que o folhearem por curiosidade, por preconceito ou por simples desenfado.

Trata-se de um dicionário de ideias, sem a pretensão de ser completo. É meu intuito facilitar o acesso ao pensamento bíblico mediante uma apresentação ordenada das ideias esparsas pelos vários livros. Servirá de convite ou aperitivo para a leitura da Bíblia.

Não há preocupação crítica. Li e anotei o que me pareceu útil e interessante, seguindo a edição dos monges beneditinos de Maredsous (Bélgica) em tradução do Centro Bíblico Católico de S. Paulo. Quando absolutamente indispensável à clareza de uma citação, introduzi ocasionalmente pequenas alterações de fraseado que, de modo algum, afetam, na forma ou na essência, o pensamento bíblico. Todo trecho traz a indicação do livro, capítulo ou versículo, o que permite ao leitor a imediata localização da ideia no texto e confronto com qualquer outra tradução. Algumas citações abrangem mais de um versículo; nesse caso anotei somente o versículo inicial. Como a apresentação das sentenças foi feita em função de uma palavra, em algumas citações não aparece o trecho integral a que se reporta a indicação, mas somente a parte que diz respeito ao pensamento catalogado.

Também não há orientação interpretativa. A seleção das ideias foi feita pelas palavras, em seu sentido usual, evidente, evitando frases dúbias ou de aplicação forçada.

Que cada um aceite estes pensamentos segundo o seu entender e tire deles a utilidade que julgar conveniente.

T. P. L.

Introdução

1. A BÍBLIA

O Termo

A Bíblia é um conjunto de livros escritos em épocas remotas e considerados, tanto pelos judeus como pelos cristãos, inspirados por Deus. O termo "Bíblia" apareceu somente no século IV da nossa era; foi introduzido talvez por S. João Crisóstomo, Patriarca de Constantinopla. No entanto, ao longo de toda a Bíblia, essa palavra não aparece; o termo usado é "escritura". Bíblia é a forma latina do plural grego para "biblia", que significa "livros".

Livros que compõem a Bíblia

A Bíblia se divide em duas grandes partes: o Antigo Testamento (coleção de livros anteriores a Cristo) e o Novo Testamento (coleção de livros posteriores a Cristo).

Não há acordo a respeito do número de livros que compõem a Bíblia. Os manuscritos, transmitidos de geração a geração, sofreram modificações, cortes e não poucos acréscimos.

A coleção de livros ou "o cânon" foi-se formando gradativamente. No século II a.C., já estava fixada a relação dos livros do Antigo Testamento. O cânon do Novo Testamento só se definiu no Oriente e no Ocidente com o segundo Concílio Trulano, no final do século VII.

2. O ANTIGO TESTAMENTO

Cânon

O cânon judaico apresenta a Bíblia em três partes: Torá (Lei), Nebiim (Profetas) e Kethubhim (Escritos).

A Lei abrange os cinco primeiros livros, que a tradução grega chamou de "Pentateuco"; são eles: *Gênesis, Êxodo, Levítico, Números* e *Deuteronômio*.

Os Profetas, num total de oito livros, se dividem em duas classes: os profetas antigos (*Josué, Juízes, Samuel, Reis*), os profetas posteriores (*Isaías, Jeremias, Ezequiel*) e os profetas menores (doze profetas num único livro).

Os Escritos, chamados no texto grego "hagiógrafos" (escritos sagrados), são formados de três grupos, num total de onze livros: livros poéticos (*Salmos, Provérbios e Jó*); os cinco *megilloth* (rolos) (*Cântico dos Cânticos, Rute, Lamentações, Eclesiastes, Ester*); os outros livros (*Daniel, Ezra ou Esdras e Neemias, Crônicas*).

O cânon judaico é composto, portanto, de 24 livros.

Posteriormente, por motivo de divisões de obras, os 24 livros passaram a 39. *Esdras* e *Neemias* foram considerados livros distintos; os livros de *Samuel*, *Reis* e *Crônicas* foram divididos em dois volumes; os profetas menores passaram a formar doze livros. Esses 39 livros, apresentados em outra ordem, formam o cânon aceito pelas igrejas protestantes:

1 - Pentateuco: Gênesis
   Êxodo
   Levítico
   Números
   Deuteronômio

2 - Livros Históricos: Josué
   Juízes
   Rute
   I de Samuel
   II de Samuel
   I dos Reis
   II dos Reis
   I das Crônicas
   II das Crônicas
   Esdras
   Neemias
   Ester

3 - Livros Poéticos: Jó
   Salmos
   Provérbios
   Eclesiastes
   Cântico dos Cânticos

4 - Livros Proféticos: Isaías
   Jeremias
   Lamentações
   Ezequiel
   Daniel
   Profetas Menores:
      Oseias
      Joel
      Amós
      Abdias
      Jonas
      Miqueias
      Naum
      Habacuque
      Sofonias
      Ageu
      Zacarias
      Malaquias

A Igreja Católica elevou esse número para 45, aceitando em seu cânon mais sete livros e anexando as Lamentações ao livro de Jeremias.

Dos sete livros, quatro são históricos: *Tobias*, *Judite* e os dois livros dos *Macabeus*; dois são poéticos, chamados também de sapienciais: *Sabedoria* e *Eclesiástico*; um é profético: *Baruque*. (Ver a relação ao final desta Introdução.)

Durante séculos, esses livros foram motivo de dúvidas e divergências e até hoje não são reconhecidos nem pelos judeus nem pelas igrejas protestantes. Eles são chamados de "apócrifos", isto é, de origem desconhecida, oculta, não autêntica.

Os motivos apresentados para a recusa desses livros (e de outros mais) são principalmente os seguintes: não figuravam no cânon hebraico: daí se deduz que lhes era negado o valor da inspiração divina; são, quase todos, escritos em grego, ao passo que os outros são escritos em hebraico; não foram citados por Cristo e não há referência direta a eles por parte dos apóstolos.

Tais livros, porém, desde a igreja primitiva existiram lado a lado com os outros. Eram acatados pelos fieis do mesmo modo que os demais livros. A igreja primitiva permitia e aconselhava sua leitura. Com a Reforma surge uma questão de fé motivada por esses livros. Embora todos fossem concordes em ver neles valor de edificação espiritual, muitos lhes negavam definitivamente a inspiração divina.

Em 1546 o Concílio de Trento decretou a canonicidade dos sete livros e de mais quatro episódios ou capítulos, que foram anexados, um ao livro de *Ester*, e três ao livro de *Daniel*. Para os católicos, qualquer controvérsia sobre o assunto ficou encerrada. Tais livros deixaram de ser apócrifos e passaram a ser indicados como "deuterocanônicos", isto é, relacionados no segundo cânon, em oposição aos 39 do cânon primitivo, chamados "protocanônicos".

Em 1562 a Igreja da Inglaterra declarou que os apócrifos podem ser lidos com proveito, mas eles não possuem autoridade doutrinária.

Apesar de a confissão de Westminster ter declarado, em 1643, como matéria de fé que os livros apócrifos não são de inspiração divina, algumas igrejas protestantes inseriam em suas Bíblias todos ou alguns dos livros ditos deuterocanônicos. Só no século passado (1826) houve a exclusão definitiva desses livros das edições publicadas pela Sociedade Bíblica de Londres.

13

A Igreja Greco-Russa também não reconhece os deuterocanônicos.

Autores e Assunto

I – Pentateuco

A tradição atribui os cinco livros do Pentateuco a Moisés. Toda a crítica textual e histórica, porém, é contrária a essa tradição. Realmente, Moisés viveu no século XIII a.C., ou, segundo outra opinião, no século XV a.C. O texto hebraico do Pentateuco mais antigo que nos resta é do século III a.C. Há, pois, uma lacuna de dez ou doze séculos! Não há dúvida de que não se pode positivar a autoria de nenhum livro do Antigo Testamento, muito menos do Pentateuco. O nome do autor perdeu-se, como fatalmente se perderam os originais dos livros. Os nomes são hipotéticos, o que, aliás, contribui para rodear de maior mistério o ocultismo sagrado das palavras. Já no século VI o Papa S. Gregório Magno, um dos quatro maiores doutores da igreja ocidental, dizia ser supérfluo procurar o autor dos livros sagrados, já que firmemente se crê que o autor deles é Deus.

A dúvida arrasta milhares de estudiosos, no esforço insano de confrontar restos de manuscritos, textos, versões, comentários e referências, na tentativa, certamente vã, de restabelecer o genuíno texto primitivo. Enquanto isso, os entendidos lançam várias hipóteses, baseadas nos mais variados argumentos.

Thomas Hobbes observou que o Pentateuco parece ter sido escrito *sobre* Moisés, não *por* Moisés. Todo o Antigo Testamento é coerente em atribuir os livros da Lei a Moisés. Os judeus do tempo de Cristo e o próprio Cristo confirmaram a autoria mosaica. Mas era, sem dúvida, uma atribuição "por excelência". Como Moisés era para os hebreus o maior de todos os homens, seu nome dava uma autoridade inconteste e sagrada a tudo quanto vinha escrito na Torá. Era um nome-símbolo.

É perfeitamente admissível que haja uma parcela base de autoria pessoal de Moisés, a qual teria sido ampliada nos séculos seguintes. Ou os mesmos ensinamentos e preceitos de Moisés, levados por tradição oral, teriam sido redigidos em certa época por um autor, ou melhor, por um conjunto de autores. Isso é corroborado pela evidente variação de estilo. Ricardo Simon diz serem de origem mosaica só as partes referentes à legislação. A crítica aceita que a última compilação do Pentateuco foi obra de Esdras, no século VI a.C.

Assunto

O *Gênesis* (livro das origens) pode ser dividido em três partes: (1) cosmogonia: a criação do universo; (2) a história da humanidade primitiva e (3) a história dos patriarcas – de Abraão até Jacó.

O *Êxodo* (livro da saída) narra a fuga dos israelitas do Egito e a peregrinação do povo por quarenta anos nas estepes do Sinai a caminho da Terra Prometida.

O *Levítico* (livro sacerdotal) é um conjunto de disposições rituais e um resumo de regras civis e morais.

O livro dos *Números* contém recenseamentos e enumeração de gerações; na parte histórica é uma continuação do livro de Êxodo.

Deuteronômio (livro da lei) é um código jurídico-religioso.

II – Livros Históricos

A mesma incerteza paira a respeito da autoria dos livros históricos. O texto hebraico mais antigo é do início do século II a.C.

Os livros históricos podem ser divididos em duas categorias: livros históricos propriamente ditos e livros históricos secundários. Os primeiros apresentam, sem rigor cronológico, fatos que formam os elos da história de Israel. Assim, o livro de *Josué* relata a conquista de Canaã por Josué, líder político sucessor de Moisés. O autor é desconhecido. A maior parte da narrativa é do tempo de Josué, mas a redação atual é muito posterior.

Os livros dos *Juízes* e de *Samuel* contam episódios do tempo que vai da ocupação da Terra Prometida até a instituição da monarquia. Julga-se que esses livros são do tempo de Samuel; alguns afirmam que o autor deles é o próprio Samuel.

Os livros dos *Reis* e das *Crônicas* relatam a história da monarquia nos dois reinos de Israel e Judá até a destruição de Jerusalém e a deportação dos judeus para a Babilônia. São vários os autores. O livro dos *Reis* deve ser do século VI e o das *Crônicas* do século IV ou III a.C.

Os livros de *Esdras* e de *Neemias* têm por tema a restauração religiosa e política após a volta do exílio, autorizada por Ciro, rei dos persas, em 538. Os autores das partes mais importantes dos livros parecem ter sido os próprios Esdras e Neemias.

Os livros dos *Macabeus* contam a revolta contra a opressão síria, liderada pela família dos Macabeus. O autor, desconhecido, seria um judeu da Palestina, do século II a.C.

Os livros históricos secundários relatam episódios pessoais, situando-os em determinada época. São "histórias morais" com finalidade didática, enaltecendo as várias virtudes dos protagonistas. São consideradas por alguns como fatos reais, enquanto outros as tomam como contos fictícios ou lendas populares.

O livro de *Rute* é a narrativa em torno de uma moabita, viúva de um hebreu, a qual, por ulterior casamento com Booz, se torna ascendente de Davi. Essa história inculca o sentimento de dedicação e paz, que se obtém com a tranquilidade perante as dificuldades da vida.

O livro de *Tobias*, escrito em aramaico, é um conto para ilustrar o mérito de uma vida caritativa e virtuosa.

O livro de *Judite* apresenta o tipo de patriotismo na ação destemida de uma viúva judia que se serviu dos artifícios de sua beleza para assassinar o general do exército inimigo.

O livro de *Ester* é uma demonstração da providência divina que protege os inocentes e dá o merecido castigo aos injustos.

III – Livros Sapienciais

São assim denominados por encerrarem conceitos filosóficos ou conselhos práticos de grande sensatez.

Jó – É um livro em forma de peça teatral, escrito no século V a.C. O autor é desconhecido. Pertence ao gênero dramático. Há uma introdução e um epílogo em prosa. A parte central, doutrinária, é um poema dialogado. Seu tema é a reação do homem diante da dor e da adversidade e vem apresentado no tipo de um homem de vida próspera, que, por desígnio de Deus, repentinamente e de modo violento, se vê reduzido à miséria e sujeito às maiores humilhações por causa de uma repugnante doença.

Salmos – Originariamente eram textos de oração, destinados ao uso litúrgico. Seu número foi sendo aumentado com o tempo. A compilação definitiva encerra 150 salmos, divididos em cinco livros. O autor dessa compilação é desconhecido. As inscrições do texto hebraico atribuem 74 salmos a Davi, dois a Salomão, um a Moisés e os restantes, a outros autores.

Provérbios — São uma coletânea de ditos e comentários judiciosos. São atribuídos a vários autores, muitos a Salomão. Grande número de sentenças foi, sem dúvida, colhido da sabedoria popular. As ideias são apresentadas sob a forma de máximas, enigmas, sátiras, fábulas e comparações.

Eclesiastes — Encerra reflexões sobre a inconstância e caducidade da vida. Passou por várias redações; a última seria do século III a.C. A tradição atribui o livro a Salomão; seria o resultado das experiências e desilusões de um velho sábio. É um livro diferente, de leitura desconcertante. Destoa dos outros por ser imbuído de um espírito de pessimismo e desalento e por revelar conceitos materialistas. Mesmo entre os hebreus havia dúvidas sobre sua colocação no cânon dos livros inspirados.

Cântico dos Cânticos — Era uma coleção de poemas para as solenidades nupciais. O tema é o amor humano, apresentado na pessoa de uma camponesa apaixonada que, levada para o ambiente suntuoso de um palácio, suspira pelo seu verdadeiro amor. Muitos o consideram uma peça teatral com vários atos, com três personagens: a donzela, um apaixonado e um rei. Alguns o interpretam literalmente: um romance de amor. Outros, simbolicamente, como uma representação do amor de Deus por seu povo. O livro, escrito num constante nível de beleza, correção e riqueza imaginativa, foi atribuído a Salomão. Grande número de críticos, todavia, é de opinião que o livro pertence a uma geração depois de Salomão. O autor coloca a trama no cenário grandioso da época salomônica.

Sabedoria – É um louvor à sabedoria de Deus. O autor se apresenta na pessoa de Salomão. Trata-se, certamente, de uma ficção literária. Não se sabe quem escreveu esse livro, que é datado como sendo do século I a.c.

Eclesiástico – Em grego era chamado "sabedoria de Jesus, filho de Sirac". É um compêndio de ética. O autor bem pode ser o nome do título grego. O texto original se perdeu; resta a tradução grega. O livro deve ser do fim do século III a.c.

IV – Livros Proféticos

A tradição atribui o livro ao profeta que dá o título. Mas a opinião mais aceitável é que a redação se deve a algum discípulo ou crente posterior. Na verdade, os profetas *falavam*, em estado de transe, ou êxtase. Eram "pregadores". Suas profecias e sermões seriam anotados por outros. Jeremias, por exemplo, tinha seu próprio escriba, chamado Baruque. Os profetas mais importantes são quatro: Isaías, Jeremias, Ezequiel e Daniel.

Isaías é considerado o maior profeta de Israel. É do século VIII a.C. Profetizou por cerca de cinquenta anos, do reinado de Josias até o de Ezequias. É o "profeta da justiça" – levantou a sua voz contra a prepotência, contra os abusos dos poderosos e dos ricos, contra a maldade dos hipócritas e dos ímpios.

Jeremias é apelidado de "o profeta do infortúnio". Viveu no século VII a.C. Desempenhou sua missão por quarenta anos e chegou a ver a realização de suas profecias: a destruição de Jerusalém e a deportação dos hebreus para a Babilônia. Morreu no Egito, para onde o tinham levado seus compatriotas fugitivos. Ao livro de Jeremias foram acrescentadas as *Lamentações*: são cinco poemas fúnebres, compostos após a destruição de Jerusalém. Os críticos concordam em que quatro poemas são de Jeremias. É provável que o último tenha sido escrito por outra pessoa.

Ezequiel exerceu o seu ofício de profeta entre os deportados, no século VI a.C. É o "profeta da resignação e do otimismo". Anuncia a vinda de um pastor que estabelecerá um reino de justiça. É o mais vibrante e o mais enigmático. Seu estilo é traçado em imagens, visões e simbolismos.

Daniel não era considerado profeta pelos hebreus. Em verdade, ele foi um estadista, revestido por Nabucodonosor de grandes títulos e poderes na Babilônia. Iniciou a sua missão de "vidente" muito cedo e a estendeu até o reinado de Ciro. A crítica não admite que o autor do livro de Daniel, que pertence ao século II a.C., seja o próprio Daniel, que seria, antes, mais o herói.

Nota: Entre os profetas maiores o cânon romano coloca o livro de *Baruque*, profeta quase completamente desconhecido. Sabe-se que foi posterior à restauração. Figura entre os apócrifos.

Além desses profetas, chamados "maiores", há uma dúzia de profetas "menores", que no cânon hebraico formavam um único livro. Seus livros, em geral muito curtos, contêm oráculos em forma de exortações e ameaças.

Textos e Manuscritos

Os textos mais antigos (do Pentateuco) são datados hipoteticamente da época mosaica. Realmente, a escrita já era conhecida no Egito muito antes de Moisés. Foi no Egito que os fenícios descobriram o alfabeto e de lá o espalharam pelas regiões do Mediterrâneo. Mas não nos resta documento algum para dar fundamento à tradição rabínica. Os textos primitivos se perderam. Sabe-se que o texto hebraico era em escrita linear e consonantal. A forma atual do texto hebraico é o chamado "massorético". Um grupo de sábios judeus, ditos "massoretas", entre os séculos VI e VIII d.C. dedicou-se ao difícil trabalho de estudar o texto consonantal então existente e estabelecer um modo de conservá-lo inalterado no sentido, fixando-lhe a verdadeira pronúncia. Para não alterarem o texto, representaram as vogais por meio de pontos sotopostos às letras. Elaboraram também um sistema de sinais, para indicar acento e separação. Além disso, dividiram o texto em versículos. Assim eles fixaram o verdadeiro som transmitido até então pela tradição.

Todos os textos hebraicos existentes hoje trazem o massorético. Mas não se pode precisar a legitimidade do manuscrito em que os massoretas se basearam. No século II d.C. os vários manuscritos já apresentavam inúmeras diferenças entre si. Além dos enganos inevitáveis dos copistas, havia acréscimos, cortes e correções dos amanuenses. Isso explica a divergência das várias traduções, as quais são muito anteriores ao texto massorético. O massorético, entretanto, é tido em grande consideração. A maioria dos teólogos lhe atribui o valor de texto inspirado.

Principais Versões

As versões de valor crítico são as chamadas "imediatas", porque foram feitas diretamente do texto hebraico. As quatro principais são em grego, aramaico, siríaco e latim.

1 – *Versão grega dos "Setenta"* – Trata-se da mais antiga e a mais importante. Foi feita para uso dos hebreus de Alexandria, no século III a.C. É fruto do trabalho em equipe de setenta (ou 72) tradutores, a pedido de Ptolomeu Filadelfo. Diz a tradição que foi feita na ilha de Faros em 72 dias. É mais correta a afir-

mação de que eles traduziram somente o Pentateuco. Os outros livros foram traduzidos posteriormente, até a metade do século II a.C. Era considerada de grande autoridade. Após a destruição de Jerusalém perdeu um pouco do seu valor. Devido à pluralidade de estilo, não apresentava elegância e uniformidade de estilo. Serviu de base para outras três versões gregas: a de Áquila, a de Teodócio e a de Símaco.

No século III d.C., Orígenes, num paciente trabalho de vinte anos, agrupou as quatro versões e as comparou com o texto hebraico de seu tempo. Sua obra chamou-se Héxaplos porque os textos vinham dispostos em seis colunas: texto hebraico; o mesmo texto hebraico em caracteres gregos; a versão de Áquila; a versão de Símaco; a versão dos Setenta e a versão (ou revisão) de Teodócio.

2 – *Versões aramaicas* (*Targuns*) – Mais que versões, interpretações ou paráfrases do texto hebraico. Após o cativeiro em Babilônia, o povo começou a usar o aramaico, ou pseudocaldaico. Com o passar dos anos, o hebraico se tornou tão desconhecido que foi necessário acompanhar a leitura das escrituras com explicações (*targuns*) em aramaico. Essas interpretações orais nas sinagogas foram depois escritas a fim de unificar e facilitar a explicação. Os *targuns* principais são o de Onkelos e o de Jonatas bem-Uzziel. Os primeiros explicam a lei, os segundos, os profetas. Os *targuns* mais antigos são datados no século IV ou V d.C.

3 – *Versão siríaca* – Chama-se *Peshito*. É uma revisão do texto hebraico, muitas vezes aproximando-o da versão grega.

Pertence provavelmente ao século II d.C. O valor crítico não é grande, porque o texto hebraico é fundamentalmente o massorético. Além disso, em alguns livros transparece a influência do texto grego dos "Setenta". É, porém, a mais elegante de todas as versões; é chamada "a rainha das versões".

4 – *Versão latina* – Foi chamada de *Vulgata* porque devia ser divulgada entre o povo, para o seu uso religioso. Foi feita por S. Jerônimo, no fim do século IV. Além de ser profundo conhecedor do latim, o santo especializou-se em língua hebraica, sob a orientação de mestres judeus. Pôde, portanto, dedicar-se com habilidade ao trabalho de tradução. De início servia-se dos Héxaplos de Orígenes. Posteriormente, porém, baseou-se diretamente no texto hebraico, sem deixar de fazer alusões às versões gregas, sobretudo à de Símaco. A Vulgata passou a ser o texto de uso comum da igreja do Ocidente, a partir da Idade Média. Passou por várias revisões. A Vulgata foi o primeiro livro a ser impresso, em 1455. O Concílio de Trento consagrou-a como "autêntica" e tornou obrigatório o seu uso nas leituras públicas, nas discussões, nas pregações e explicações. Ainda no fim do século XIX (1893) o Papa Leão XIII ordenava aos professores de sagrada escritura o uso da Vulgata.

Foi, pois, o texto "exclusivo, oficial" da Igreja Católica, até o início do século XX, quando, com o retorno aos estudos das línguas orientais, ressurgiu o desejo e necessidade de novas investigações para dirimir dúvidas quanto a certos pontos.

Em 1907, Pio X confiou aos monges beneditinos o encargo de fazer os estudos preparatórios para uma nova edição da versão das Escrituras. E com Pio XII começaram a aparecer livros litúrgicos com nova tradução, feita segundo os preceitos da crítica científica e com os recursos dos métodos modernos.

3. O NOVO TESTAMENTO

Manuscritos

Os livros do Novo Testamento foram escritos em grego, excetuando-se, talvez, o Evangelho de S. Mateus, que teria sido escrito em aramaico. O grego implantou-se na Palestina depois da conquista de Alexandre Magno.

Os textos originais não existem mais; até mesmo as cópias dos três primeiros séculos desapareceram totalmente, especialmente em decorrência do trabalho de destruição dos perseguidores da nova religião.

Foi só a partir do século IV que as cópias das Escrituras começaram a aparecer livremente. Daí, até a invenção da imprensa, os manuscritos foram se multiplicando. Contam-se perto de quatro mil; contudo, a maioria é de pouca importância crítica, por ser posterior ao século X.

Os cinco códices mais antigos são:

1) o Alexandrino – É do século V. Contém o Novo Testamento e boa parte do Antigo Testamento.

2) o Vaticano – Data de meados do século IV. Contém a maior parte do Antigo Testamento.

3) o Efrêmico – É do século V, talvez anterior ao código Alexandrino. Contém igualmente alguma parte do Antigo Testamento.

4) o de Beza – Provavelmente do século VI. Contém a maior parte do texto grego dos Evangelhos e dos Atos e uma tradução latina.

5) o Sinaítico – Foi descoberto em 1844 no convento de Santa Catarina do Monte Sinai. É o mais extenso. Além de conter a maior parte do Antigo Testamento, contém todo o Novo Testamento, seguido de dois livros apócrifos.

Cânon

Como os manuscritos eram feitos em papiro enrolado (*liber*) ou dobrado (*volumen*), não podiam, logicamente, conter todos os livros. A maioria apresentava um Evangelho. Daí a dificuldade em formar o conjunto dos livros. Não houve relutância em aceitar os quatro Evangelhos, pois eram os mais copiados e, consequentemente, de conhecimento generalizado. O mesmo não aconteceu com os demais livros. Outro problema eram as divergências entre os vários manuscritos. Os copistas não observavam as regras da crítica científica. Por conta própria procuravam melhorar a gramática, o estilo, corrigir presumíveis erros, inserir glosas explicativas. De tudo isso resultou um grande número de variações, que chegam a duzentos mil! Devemos observar, porém, que a quase totalidade das variações é de importância nula. As que podem acarretar alterações de sentido são perto de duzentas, o que não é exagerado, considerando-se os quatro mil manuscritos! O trabalho meticuloso dos especialistas permite descobrir os enganos e chegar à forma mais próxima do original. Nos primeiros séculos, portanto, houve um período de controvérsias. Orígenes, um dos maiores conhecedores das letras bíblicas, não aceitava as epístolas de S. Tiago, a II de S. Pedro e a II e a III de S. João. No século IV, Eusébio dá testemunho da incerteza, apresentando como sujeitos a disputa os mesmos livros repudiados por Orígenes, acrescentando a epístola de S. Judas e colocando reservas quanto ao Apocalipse. Só no segundo Concílio Trulano (692) ficou encerrado o processo da fixação do cânon do Novo Testamento.

Os protestantes consideram alguns trechos apócrifos.

O Novo Testamento é formado de 27 livros: quatro Evangelhos; um Atos dos Apóstolos; quatorze epístolas de S. Paulo;

25

uma epístola de S. Tiago; duas epístolas de S. Pedro; três epístolas de S. João; uma epístola de S. Judas e um Apocalipse de S. João. (Ver relação no início desta obra.)

Assunto e Autoria

Os livros do Novo Testamento não apresentam, com referência aos autores, a incerteza dos livros do Antigo Testamento. Todos os livros do Novo Testamento trazem o nome de seu autor e sempre houve concordância da tradição e da crítica. Autor, porém, não é escritor. É admissível que outra pessoa tenha redigido o livro, talvez em nome do próprio autor. S. Paulo, por exemplo, tinha o seu amanuense, que redigiu treze de suas epístolas.

I– Os Evangelhos

Evangelho é termo grego que significa "boa-nova". Os Evangelhos narram a vida e a missão de Jesus Cristo. Os três primeiros, de S. Mateus, de S. Marcos e de S. Lucas, são chamados "sinóticos", porque apresentam paralelismo nos fatos e na exposição doutrinária, embora com certas diferenças de pormenores. Foram feitos num plano narrativo e certamente cada autor fez uso do texto anterior.

O mais antigo é o de *S. Mateus*, apóstolo de Cristo. Pensa-se que foi escrito em aramaico, talvez no ano 60. O texto, porém, perdeu-se; resta a tradução grega.

S. Marcos foi discípulo de S. Pedro, do qual obteve os dados para o seu livro.

S. Lucas foi companheiro de S. Paulo. Para compor o seu Evangelho, usou os dois anteriores.

O Evangelho de *S. João* é todo especial. Não é um relato de episódios concatenados, mas trata-se de uma tese: "Cristo é o Filho de Deus". João, o apóstolo predileto de Jesus, esmera-se em apresentá-lo como Deus, fonte de luz, de vida, de graça e de salvação para quem crê.

II – *Atos dos Apóstolos*

Seu autor é S. Lucas; nesse livro encontramos a narração da vida da igreja primitiva, especialmente as missões de S. Pedro e de S. Paulo.

III – *As epístolas*

As epístolas (cartas) tratam de temas doutrinários ou fazem recomendações, de acordo com a necessidade da comunidade cristã a que eram endereçadas. Cinco epístolas são chamadas católicas, porque foram escritas para toda a igreja. Seus autores eram todos apóstolos de Cristo.

IV – *Apocalipse*

Apocalipse quer dizer revelação. Foi escrito por S. João. É o único livro profético do Novo Testamento. Alguns o definem, não como profético, mas como descritivo, num estilo de simbolismos, visões e enigmas. É um livro de interpretação difícil. Foi escrito para os cristãos da Ásia Menor e foi o livro menos divulgado na igreja antiga; por essa razão é ainda aquele que apresenta a maior disparidade de interpretações.

4. VALOR DA BÍBLIA

Valor Religioso

Inspiração

Para os judeus e os cristãos, a Bíblia é um livro sagrado, inspirado por Deus.

Os hebreus em todas as eras devotaram extraordinário respeito às palavras da Bíblia. Era a voz de Javé a dirigir, chamar, castigar e ensinar o povo eleito. Todo israelita cria piamente (e muitíssimos ainda creem) que os livros da Lei foram ditados por Deus a Moisés, e que os hagiógrafos e os profetas foram inspirados por Deus.

Deve-se observar, porém, que a palavra "inspiração", em seu sentido religioso específico, não aparece no Antigo Testamento. Ela aparece no Novo Testamento, usada por S. Paulo na sua segunda carta a Timóteo: "Toda escritura é inspirada por Deus...". No termo grego *theopneustos* foi baseado o conceito dogmático da inspiração divina, que consiste em atribuir a autoria dos livros sagrados ao Espírito Santo, terceira pessoa da Santíssima Trindade.

A Igreja Católica mantém o sentido mais rigoroso de inspiração, que é a teoria da inspiração verbal e total: "*Todos* os livros da Bíblia, em *todas* as suas partes, foram escritos sob a inspiração divina, de modo que são *infalíveis*". Essa doutrina é tradicional, desde os primeiros exegetas e comentaristas, e vem sendo reiterada dogmaticamente a partir do Concílio de Trento. O primeiro Concílio Vaticano condena erros sobre a doutrina da inspiração, declarando que "os livros sagrados, escritos sob a inspiração do Espírito Santo, *têm a Deus por autor*". Leão XIII em

1893, na encíclica *Providentissimus* Deus, definida por Pio XII como a "carta magna dos estudos bíblicos", afirma que "todos os livros inteiros, que a igreja recebeu como canônicos, em todas as suas partes, foram escritos por *ditado* do Espírito Santo". O mesmo pontífice assim explica o fenômeno da inspiração: "O Espírito Santo, ele próprio, excitou os sagrados autores a escrever, ele próprio os assistiu enquanto escreviam, de tal sorte que eles concebiam exatamente, queriam referir fielmente e exprimiam com verdade infalível tudo o que lhes ordenava escrever e somente o que lhes ordenava escrever". Pio XII define o hagiógrafo como "órgão ou instrumento" do Espírito Santo.

As igrejas protestantes, embora mantendo o princípio da inspiração, não têm a mesma rigidez e unidade em defini-lo. Enquanto algumas aceitam a teoria da inspiração *ad verbum* da Igreja Romana, outras defendem a teoria da inspiração dinâmica, que admite graus de inspiração, variáveis segundo a importância da matéria e do autor. Outra teoria, seguida até por eruditos católicos, é a da inspiração essencial, que consiste em restringir a iluminação de Deus aos pontos de fé e de moral. Outras seitas preferem a teoria da inspiração vital, que se faz sentir por meio da ação do espírito de Deus na alma do crente.

Temos, pois, uma sequência de variações, que vai do rigorismo católico até a teoria da inspiração direta e individual caracterizada pelo livre exame.

Interpretação

Se a Bíblia foi inspirada por Deus, todos procuram avidamente lê-la e entendê-la.

O catolicismo ensina que somente à Igreja compete interpretar as Escrituras. Essa faculdade ela a recebeu de seu fundador e foi solidificada pela tradição. Já no século II, S. Irineu, um dos maiores teólogos da igreja antiga, afirmava: "Os homens em que reside a sucessão dos apóstolos explicam as escrituras sem nenhum perigo de erro". Há, portanto, uma interpretação oficial, autêntica, para as palavras da Bíblia e a Igreja vai buscá-la na assistência que ainda lhe é dispensada pelo espírito de Deus. E Leão XIII adverte os eruditos que a interpretação da Igreja é a única que se pode aprovar. A Igreja explica a Bíblia com base na autoridade dos apóstolos, de seus sucessores, dos padres e doutores da Igreja, dos primeiros apologistas e exegetas. Isso forma a tradição eclesiástica.

Com a Reforma veio a ruptura da interpretação tradicional pela negação do valor da tradição. Para os novos líderes religiosos, a Bíblia e só a Bíblia é a regra última de fé. Para os puritanos, tudo está na Bíblia; até as coisas mais banais da vida diária devem ser dirigidas e iluminadas por ela. O anglicano Hooker, ao contrário, acha que não é necessário buscar tudo na Bíblia; o essencial é não ir contra ela, nem mesmo em nome da razão.

Sentidos da Bíblia

O ponto mais importante na hermenêutica bíblica está em determinar o sentido exato de suas palavras. Houve e há homens que, apaixonados pela religião ou pela ciência, consomem suas vidas no estudo das escrituras.

Os sentidos principais em que podem ser tomados os termos da Bíblia são os seguintes:

1 – Sentido literal: é o sentido normal, natural, comum e real das palavras. Quando não houver motivo para não o admitir, esse é o sentido que se deve seguir. Convém, porém, observar que há a necessidade de grande cultura e argúcia para determinar o sentido específico da palavra em determinados casos e lugares; é preciso recorrer ao estudo comparativo, à língua original do texto, pois, como adverte o autor do prólogo do Eclesiástico, "as palavras hebraicas perdem sua força quando traduzidas em língua estrangeira... a Lei, os Profetas e os outros Escritos são, quando traduzidos, *muito diferentes* do texto original". Esse trabalho meticuloso da pesquisa do sentido verbal compete aos filólogos e especialistas.

2 – *Sentido alegórico*: este sentido se apoia na analogia e exprime um entendimento figurativo, simbólico, não literal. Os semitas tinham a tendência de um estilo complexo, imaginativo, e na Bíblia há trechos que só podem ser entendidos como fictícios. A interpretação alegórica da Bíblia é de época remota, desde os primeiros hermeneutas. A partir do século XII d.C. houve uma ampliação da corrente interpretativa analógica, levada muitas vezes a exageros.

3 – *Sentido típico*: este sentido, que é uma restrição do analógico, consiste em ver no texto uma referência ou representação de determinado conceito, fato ou pessoa. Tal sentido é aplicado especialmente pelos cristãos, para os quais o Antigo Testamento traz velado o que é manifestado no Novo Testamento. Nesse entendimento deve haver uma correlação e dependência entre os dois Testamentos. Assim pensava S. Agostinho, que afirmou: "O Novo Testamento jaz oculto no Antigo, e o Antigo Testamento é manifestado no Novo".

4 – *Sentido espiritual*: este sentido, oculto nas palavras da Escritura, é a sua essência. É o sentido que buscam os que leem a Bíblia movidos pela fé. Ensina a Igreja que tal sentido só Deus o conhece e só ele o pode revelar (Pio XII). O esoterismo ensina que há na Bíblia mensagens e conceitos misteriosos que só podem ser entendidos pelos iniciados.

5 – *Sentido acomodatício*: tal sentido não está naturalmente na Bíblia e o intérprete chega a ele por meio da sutileza. No Brasil, o Padre Vieira, no século XVII, ficou célebre; ele, além de saber aplicar habilmente o sentido alegórico, sabia com rara perícia descobrir na Bíblia um versículo ou uma palavra e desenvolver e provar os mais variados argumentos.

Valor Não Religioso

A Bíblia como Documento Histórico

Todo extremo já foi dito a respeito da Bíblia. Enquanto muitos a consideram um livro de origem divina e a defendem como a coisa mais sagrada deste mundo, outros a depreciam como um livro faccioso, racista, repleto de invencionices, erros, injustiças e indecências. O excesso religioso divinizou-a; o cientificismo racionalista foi ao extremo oposto: tentou reduzi-la a um acervo de disparates, absurdos, lendas, mitos e mentiras. A ciência, isenta de qualquer tendência preconcebida, reconheceu a Bíblia como um documento de grande ajuda para o progresso científico. Já em 1924 o arqueólogo Sellim admitia a realidade histórica dos patriarcas, a permanência em Canaã, bem como os demais episódios bíblicos. E a arqueologia, a partir de então, colocou a Bíblia na realidade histórica e fez dela um marco para o estudo comparativo das civilizações extintas. É essa a situação atual. A Bíblia deixou de ser um livro meramente religioso. Está acima dos sectarismos e fora da esfera de uma crença. Se outrora ela foi levantada como empecilho a alguma descoberta científica, isso não deve ser atribuído ao livro, mas à vesguice de uma interpretação servil e fanática.

Hoje, a Bíblia é um subsídio de inestimável valor, respeitável pela sua antiguidade. "Encerra os escritos mais antigos da humanidade" (Whitaker). É um patrimônio universal; uma fonte inesgotável de dados históricos, geográficos, arqueológicos, científicos, linguísticos, literários, poéticos, folclóricos, jurídicos, sociológicos, teológicos, filosóficos e infindos outros.

Ela forneceu a base para a cultura e a civilização ocidental. Atravessou os séculos, movimentando os homens nas mais variadas direções.

Tudo pode ser encontrado na Bíblia: orientação, reflexões, conselhos, mistério, romance, amor, aventura, fantasia, ocultismo, crimes e milagres; episódios patéticos e revoltantes, sublimes e deprimentes.

Em suas páginas, muitas vezes enfadonhas, encontramos trechos maravilhosos, atraentes, comovedores, curiosos e até mesmo pitorescos.

A Bíblia foi acolhida pela ciência e pela arte. Ela serviu de inspiração para as mais belas concepções artísticas, sobretudo na escultura e na pintura. E a mais jovem das artes, o cinema, ainda vai buscar nela temas para suas grandiosas realizações.

Não se pode encontrar um livro mais variado e mais profundo, que penetra mais em todas as manifestações da vida. Foi o primeiro livro a ser impresso no mundo e é o livro mais lido e difundido no mundo inteiro, por pessoas de todas as raças e religiões. Até 1962 estava traduzido em 1.180 idiomas e dialetos diferentes.

Defendido, atacado, combatido, discutido, endeusado, ridicularizado ou odiado, é um livro perene, que seguirá a humanidade até o fim.

Edições da Bíblia em Português

Há várias versões das Bíblia em língua portuguesa; as principais são:

1 – A de João Ferreira de Almeida

Edição da Sociedade Bíblica Britânica. Ferreira de Almeida viveu no século XVII. Sua tradução foi baseada no texto grego do Novo Testamento. O Antigo Testamento foi traduzido diretamente do hebraico, mas o autor não concluiu sua tarefa. Seu trabalho chegou até o profeta Ezequiel, inclusive. Outros especialistas continuaram a tradução dos outros livros. Além do valor religioso, a versão Ferreira de Almeida apresenta grande valor literário, pois é um documento para o estudo da língua portuguesa de sua época, fora dos exageros da escola seiscentista.

2 – A do Padre Antônio Pereira de Figueiredo

É do século XVIII. Figueiredo, ilustre latinista, baseou-se na Vulgata. A primeira edição foi feita em 23 volumes: dezessete do Antigo Testamento e seis do Novo Testamento. Posteriormente, foi feita nova edição em sete volumes. A Sociedade Bíblica Britânica publicou a obra em um único volume, mas suprimiu os livros considerados apócrifos (deuterocanônicos). A edição completa, em vários volumes, foi feita pela Editora das Américas.

3 – A do Centro Bíblico Católico de São Paulo

Essa versão, da Editora Ave Maria, é a mais importante atualmente. Foi feita do texto francês dos monges beneditinos de Maredsous, Bélgica. Essa edição é o resultado de um trabalho escrupuloso e prolongado de especialistas que se basearam nos originais hebraico, aramaico e grego. É, pois, de grande autoridade, recomendando-se por ser obra de homens competentes, guiados e auxiliados pelos recursos da crítica atual.

Em um único volume, apresenta todos os livros do Antigo e do Novo Testamento.

Livros da Bíblia
(e respectivas abreviaturas)

ANTIGO TESTAMENTO

1) Pentateuco:
   Gênesis (Gn)
   Êxodo (Êx)
   Levítico (Lv)
   Números (Nm)
   Deuteronômio (Dt)

2) Livros Históricos:
   Josué (Js)
   Juízes (Jz)
   Rute (Rt)
   1º. Livro de Samuel (1Sm)
   2º. Livro de Samuel (2Sm)
   1º. Livro dos Reis (1Rs)
   2º. Livro dos Reis (2Rs)

1º. Livro das Crônicas (1Cr)
2º. Livro das Crônicas (2Cr)
Livro de Esdras (Es)
Livro de Neemias (Ne)
Livro de Tobias (Tb)
Livro de Judite (Jt)
Livro de Ester (Est)
1º. Livro dos Macabeus (1Mc)
2º. Livro dos Macabeus (2Mc)

3) Livros Sapienciais:
Livro de Jó (Jó)
Livro dos Salmos (Sl)
Livro dos Provérbios (Pr)
Livro do Eclesiastes (Ecl)
Cântico dos Cânticos (Ct)
Livro da Sabedoria (Sb)
Livro do Eclesiástico (Eclo)

4) Livros Proféticos:
Isaías (Is)
Jeremias (Jr)
Lamentações* (Lm)
Baruque (Br)
Ezequiel (Ez)
Daniel (Dn)
Oseias (Os)
Joel (Jl)

---

* Jeremias e as Lamentações são considerados um único livro; aqui os distinguimos para finalidade de citação.

Amós (Am)
Abdias (Ab)
Jonas (Jn)
Miqueias (Mq)
Naum (Na)
Habacuque (Hab)
Sofonias (Sf)
Ageu (Ag)
Zacarias (Zc)
Malaquias (Ml)

NOVO TESTAMENTO

1. Evangelhos:
Evangelho segundo São Mateus (Mt)
Evangelho segundo São Marcos (Mc)
Evangelho segundo São Lucas (Lc)
Evangelho segundo São João (Jo)

2. Atos dos Apóstolos (At)

3. Epístolas:
Epístola aos Romanos (Rm)
Primeira Epístola aos Coríntios (1Cor)
Segunda Epístola aos Coríntios (2Cor)
Epístola aos Gálatas (Gl)
Epístola aos Efésios (Ef)
Epístola aos Filipenses (Fl)
Epístola aos Colossenses (Cl)
Primeira Epístola aos Tessalonicenses (1Ts)

Segunda Epístola aos Tessalonicenses (2Ts)
Primeira Epístola a Timóteo (1Tm)
Segunda Epístola a Timóteo (2 Tm)
Epístola a Tito (Tt)
Epístola a Filêmon (Fm)
Epístola aos Hebreus (Hb)
Epístola de São Tiago (Tg)
Primeira Epístola de São Pedro (1Pd)
Segunda Epístola de São Pedro (2Pd)
Primeira Epístola de São João (1Jo)
Segunda Epístola de São João (2Jo)
Terceira Epístola de São João (3Jo)
Epístola de São Judas (Jd)

4. *Apocalipse (Ap)*.

Índice de citações

Adoração p. 45
Adultério p. 45
Alegria p. 47
Ambição p. 48
Amizade p. 48
Amor p. 50
Amor de Deus p. 54
Aparência p. 55
Autoridade p. 55
Avareza p. 56

Bispo p. 57
Blasfêmia p. 57
Boas obras p. 58
Bondade p. 59

Caridade p. 60
Castigo p. 62
Ciência p. 64
Ciúme p. 65
Cobiça p. 65
Concupiscência p. 66
Confiança p. 66
Conselho p. 68
Conversão p. 69
Coração p. 71
Corpo p. 73
Correção p. 74
Corrupção p. 76
Crime p. 76
Cristo p. 77

Críticas p. 79
Cruz p. 79

Decadência moral p. 79
Defeitos p. 80
Desgraça p. 80
Deus p. 80
Dia do Senhor p. 85
Dinheiro p. 86
Direito p. 86
Discórdia p. 86
Doença p. 87
Dor p. 87

Empréstimo p. 88
Escândalo p. 88
Escravo p. 89
Escritura p. 90
Esmola p. 90
Esperança p. 95
Espírito Santo p. 95
Eternidade p. 96
Evangelho p. 97

Fama p. 97
Fé p. 98
Felicidade p. 100
Fiança p. 101
Fidelidade p. 101
Filhos p. 102
Fim do mundo
  p. 105

Glória p. 105
Governo p. 107
Graça p. 108
Grandeza p. 108
Gula p. 109

Hipocrisia p. 109
Homem p. 113
Honra p. 114
Humildade p. 114

Idolatria p. 117
Ignorância p. 118
Igualdade p. 119
Imortalidade p. 119
Impiedade p. 119
Impureza p. 122
Inimizade p. 123
Injustiça p. 123
Instrução p. 125
Inveja p. 125
Ira p. 126
Irmãos p. 128

Jejum p. 128
Juízes p. 129
Juízo de Deus p. 130
Julgamento p. 130
Juramento p. 131
Justiça p. 131
Justo p. 135

Lealdade p. 138
Lei p. 138
Liberdade p. 140
Língua p. 141
Luxúria p. 147

Maldade p. 147
Mandamentos p. 149
Mansidão p. 150

Materialismo p. 151
Matrimônio p. 152
Médico p. 153
Medo p. 154
Mentira p. 154
Mexerico p. 155
Miséria p. 155
Misericórdia p. 156
Mocidade p. 158
Morte p. 159
Mulher p. 162
Música p. 173

Negócios p. 173

Obediência p. 173
Ociosidade p. 174
Olho p. 174
Opressão p. 175
Oração p. 175
Órfãos p. 178
Orgulho p. 178

Paciência p. 180
Pais p. 181
Palavra de Deus
  p. 185
Palavras p. 185
Pastor p. 188
Paz p. 189

Pecado p. 190
Pecador p. 193
Penitência p. 195
Perdão p. 195
Perfeição p. 197
Perseguição p. 197
Perseverança p. 199
Pobreza p. 200
Poder p. 202
Prazer p. 202
Preguiça p. 202
Prêmio p. 203
Preocupação p. 203
Presente p. 204
Profeta p. 204
Prostituição p. 205
Providência p. 207
Prudência p. 208
Pureza p. 208

Rei p. 209
Reino de Deus p. 210
Relações sociais
   p. 210
Religião p. 211
Renúncia p. 212
Respeito humano
   p. 213
Responsabilidade
   p. 213

Ressurreição p. 214
Riqueza p. 215
Riso p. 220
Roubo p. 220

Sabedoria p. 221
Sacerdócio p. 228
Sacrifícios p. 229
Salário p. 230
Salvação p. 230
Santidade p. 231
Saúde p. 232
Segredo p. 233
Silêncio p. 233
Sobriedade p. 234
Sofrimento p. 234
Sonho p. 235

Temor de Deus
   p. 236
Tentação p. 239
Tesouro p. 239
Trabalho p. 240
Traição p. 241
Tranquilidade p. 242
Tristeza p. 242

União p. 243

Vaidade p. 244
Velhice p. 245
Verdade p. 246
Vergonha p. 246
Vício p. 247
Vida p. 248
Vigilância p. 251
Vingança p. 252
Vinho p. 253
Viuvez p. 254
Vizinho p. 255
Vocação p. 255
Voto p. 256

Zelo p. 256

43

Citações Bíblicas

ADORAÇÃO

A hora virá, e já chegou, em que os verdadeiros adoradores adorarão o Pai em Espírito e Verdade. Deus é Espírito e os seus adoradores devem adorá-lo em espírito e verdade.
(Jo 4,23)

Adorarás o Senhor, teu Deus, e só a ele servirás.
(Mt 4,10)

ADULTÉRIO

O homem que adultera com a mulher do outro, certamente morrerá.
(Lv 20,10)

Os filhos dos adúlteros não chegarão a nada e a raça que descende do pecado será aniquilada. Ainda que vivam muito, sua velhice será sem honra.
(Sb 3,16)

Os filhos nascidos de uniões ilícitas serão no dia do juízo testemunhas a deporem contra seus pais.
(Sb 4,6)

Também perecerá toda mulher que deixar seu marido e lhe der como herdeiro filho adulterino... seus filhos não pegarão raízes, seus ramos não darão frutos... ela deixará uma memória maldita e sua desonra jamais se apagará!
(Eclo 23,32)

A mulher adúltera arrebata a vida preciosa do homem... o que vai para junto da mulher do próximo não ficará impune depois de a tocar.
(Pr 6,26)

Quem comete adultério carece de senso; é por própria culpa que um homem assim procede. Só encontrará opróbrio e ignomínia e sua infâmia não se apagará jamais.
(Pr 6,32)

Todo aquele que rejeitar sua mulher, exceto em caso de mau comportamento, e esposar uma outra, comete adultério. E aquele que esposar uma mulher rejeitada, comete adultério também.
(Mt 19,9; 5,32)

Quem abandona a mulher e casa com outra, comete adultério; e a mulher que abandona o marido e casa com outro, comete adultério.
(Mc 10,11)

Todo aquele que abandonar sua mulher e casar com outra, comete adultério; e quem se casar com mulher rejeitada comete adultério também.
(Lc 16,18)

Conservai o leito conjugal imaculado, porque Deus julgará os impuros e os adúlteros.
(Hb 13,4)

Todo aquele que lançar um olhar de cobiça para uma mulher, já adulterou com ela em seu coração.
(Mt 5,28)

Adúlteros, não sabeis que o amor do mundo é abominado por Deus?
(Tg 4,4)

ALEGRIA

Minha única alegria se encontra no Senhor.
(Sl 103,34)

Aquele que adora a Deus na alegria, será bem recebido e sua oração se elevará até as nuvens.
(Eclo 35,16)

Mesmo no sorrir o coração pode estar triste; a alegria pode findar na aflição.
(Pr 14,13)

O sinal de um coração feliz é um rosto alegre.
(Eclo 13,32)

A alegria do coração é a vida do homem, a alegria do homem torna mais longa a vida.
(Eclo 30,23)

AMBIÇÃO

Não vos deixeis levar pelo gosto das grandezas, mas acomodai-vos às coisas modestas.
(Rm 12,16)

Aqueles que ambicionam tornar-se ricos caem na tentação e no laço do demônio e em muitos desejos inúteis, que arrastam o homem ao abismo da ruína e da perdição.
(1Tm 6,9)

Todo aquele que se diz amigo do mundo, constitui-se inimigo de Deus.
(Tg 4,4)

AMIZADE

O homem cercado de muitos amigos, tem neles a sua desgraça, mas existe um amigo mais unido do que um irmão.
(Pr 18,24)

A riqueza aumenta o número de amigos; o pobre é abandonado pelo seu único companheiro.
(Pr 19,4)

O homem generoso possui muitos aduladores, todos se tornam amigos de quem dá.
(Pr 19,6)

Melhor é uma correção manifesta do que uma amizade escondida.
(Pr 27,5)

Há amigo que só o é para a mesa e que deixará de o ser no dia da desgraça.
(Eclo 6,10)

Um amigo fiel é uma poderosa proteção; quem o achou descobriu um tesouro. Nada é comparável a um amigo fiel.
(Eclo 6,14)

Um amigo fiel é um remédio de vida e imortalidade.
(Eclo 6,16)

Não abandones um amigo velho; o novo não o valerá. Vinho novo, amigo novo.
(Eclo 9,14)

O amigo não se conhece durante a prosperidade... é na desgraça que se reconhece o amigo.
(Eclo 12,8)

Ainda que tenhas arrancado a espada contra teu amigo, não desesperes; porque o regresso é possível.
(Eclo 22,26)

Quem revela um segredo de um amigo perde a sua confiança.
(Eclo 27,17)

Ama o teu próximo e sê fiel na amizade com ele.
(Eclo 27,18)

Um amigo ajuda o amigo no momento oportuno.
(Eclo 40,23)

Não te envergonhes da doação de uma herança em favor dos teus amigos.
(Eclo 42,3)

O amigo zombeteiro é como o garanhão que relincha debaixo de qualquer um que o monta.
(Eclo 33,6)

AMOR

O amor é forte como a morte, a paixão é violenta como o cheol (inferno).
(Ct 8,6)

Todo ser vivo ama o seu semelhante, assim todo homem ama o seu próximo.
(Eclo 13,19)

Ama o teu próximo e sê fiel na amizade com ele.
(Eclo 27,18)

Amarás o teu próximo como a ti mesmo; não te vingarás nem guardarás rancor contra os filhos de teu povo.
(Lv 19,18)

O primeiro de todos os mandamentos é este:... "Amarás o Senhor teu Deus de todo o teu coração, de toda a tua alma, de todo o teu espírito e de todas as tuas forças". Eis aqui o segundo: "Amarás o teu próximo como a ti mesmo". Outro mandamento maior do que estes não existe.
(Mc 12,29)

O amor a Deus e o amor do próximo excede a todos os holocaustos e sacrifícios.
(Mc 12,33)

Amai-vos uns aos outros. Como eu vos tenho amado, assim também vós deveis amar-vos uns aos outros. Nisto conhecerão todos que sois meus discípulos: se vos amardes uns aos outros.
(Jo 13,34)

Este é o meu mandamento: Amai-vos uns aos outros, como eu vos amo... o que vos ordeno é que vos ameis uns aos outros.
(Jo 15,12)

Amai-vos uns aos outros com amor terno e fraternal.
(Rm 12,10)

51

Amai-vos uns aos outros, ardentemente, do fundo do coração.
(1Pd 1,22)

A ninguém fiqueis devendo coisa alguma, a não ser o amor recíproco; porque aquele que ama o seu próximo cumpre toda a Lei. Pois os preceitos e outros mandamentos que existam, se resumem nesta palavra: "Amarás o teu próximo como a ti mesmo".
(Rm 13,8)

O amor não prejudica o próximo. O amor é o pleno cumprimento da lei.
(Rm 13,8)

Toda a lei se encerra num só preceito: "Amarás o teu próximo como a ti mesmo".
(Gl 5,14)

Quem não ama permanece na morte.
(1Jo 3,14)

Não amemos com palavras nem com a língua, mas por atos e em verdade.
(1Jo 3,18)

Amemo-nos uns aos outros, porque o amor vem de Deus... aquele que não ama não conhece a Deus, porque Deus é amor... Se nos amarmos mutuamente, Deus permanecerá em nós e seu amor em nós é perfeito.
(1Jo 4,7)

Deus é amor, e quem permanece no amor permanece em Deus e Deus nele.
(1Jo 4,16)

No amor não há temor. Antes, o amor perfeito lança fora o temor, e quem teme não é perfeito no amor, porque o temor envolve castigo.
(1Jo 4,18)

Aquele que diz estar na luz e odeia seu irmão, jaz ainda nas trevas. Quem ama seu irmão, permanece na luz e não se expõe a tropeçar.
(1Jo 2,9)

Amai vossos inimigos, fazei bem aos que vos odeiam, orai pelos que vos perseguem e maltratam.
(Mt 5,44)

Amai os vossos inimigos, fazei bem aos que vos odeiam, abençoai os que vos maldizem e orai pelos que vos injuriam.
(Lc 6,27)

Se amais os que vos amam, que recompensa mereceis? Também os pecadores amam aqueles que os amam. Pelo contrário, amai os vossos inimigos.
(Lc 6,32)

Pouco se ama aquele a quem pouco se perdoa.
(Lc 7,47)

AMOR DE DEUS

De tal modo Deus amou o mundo, que lhe deu seu Filho único para que todos os que crerem nele não pereçam, mas tenham a vida eterna.
(Jo 3,16)

Se alguém disser: "Amo a Deus", mas odeia seu irmão, é mentiroso. Porque aquele que não ama o seu irmão, a quem vê, é incapaz de amar a Deus, a quem não vê. Temos de Deus este mandamento: o que amar a Deus, ame também o seu irmão.
(1Jo 4,20)

Não ameis o mundo, nem as coisas do mundo. Se alguém ama o mundo, não está nele o amor do Pai.
(1Jo 2,15)

Eis o amor de Deus: que guardemos os seus mandamentos. E seus mandamentos não são penosos.
(1Jo 5,3)

Se alguém não amar o Senhor, seja maldito!
(1Cor 16,22)

Afeiçoai-vos às coisas lá de cima, e não às da terra. Porque estais mortos e a vossa vida está escondida com Cristo em Deus.
(Cl 3,2)

Conservai-vos no amor de Deus, aguardando a misericórdia de Nosso Senhor Jesus Cristo para a vida eterna.
(Jd 1,21)

APARÊNCIA

Não avalies um homem pela sua aparência; não desprezes um homem pelo seu aspecto.
(Eclo 11,2)

Não te empobreças pedindo empréstimos para aparentar, quando nada tens no bolso.
(Eclo 18,33)

Pelo semblante se conhece um homem; pelo seu aspecto se reconhece um sábio.
(Eclo 19,26)

As vestes, o riso, o modo de andar de um homem fazem-no revelar-se.
(Eclo 19,27)

Não julgueis pela aparência, mas conforme a justiça.
(Jo 7,24)

Guardai-vos dos falsos profetas. Eles vêm a vós com vestes de ovelhas, mas por dentro são lobos vorazes.
(Mt 7,15)

AUTORIDADE

Não há autoridade que não venha de Deus e as que existem foram instituídas por Deus. Assim, aquele que se insurge contra a autoridade, opõe-se à ordem estabelecida por Deus. E os que se opõem a ela atraem sobre si a condenação.
(Rm 13,1)

55

As autoridades inspiram temor, não quando se faz o bem, quando se faz o mal. Queres não temer a autoridade? Faze o bem, e terás o seu louvor.
(Rm 13,3)

A autoridade é o ministro de Deus, para o teu bem. Mas, se fizeres o mal, teme, porque não é em vão que ela traz a espada.
(Rm 13,4)

A autoridade é o ministro de Deus, para fazer justiça e para exercer a ira contra aquele que pratica o mal. É necessário que lhe sejais sujeitos, não só por temor do castigo, mas também por dever de consciência.
(Rm 13,4)

Submetei-vos a toda autoridade humana, quer ao rei, como soberano, quer aos governadores, como enviados por ele para castigo dos malfeitores e para favorecer as pessoas honestas.
(1Pd 2,13)

Os magistrados são ministros de Deus quando exercem pontualmente este ofício.
(Rm 13,6)

AVAREZA

Nada há mais criminoso do que a avareza.
(Eclo 10,9)

Nada há mais iníquo do que o amor ao dinheiro.
(Eclo 10,10)

Guardai-vos cuidadosamente de toda avareza, porque a vida de um homem, ainda que esteja na abundância, não depende de suas riquezas.
(Lc 12,15)

BISPO

O bispo deve ser irrepreensível. Não deve ser arrogante, nem colérico, nem intemperante, nem violento, nem cobiçoso; mas seja hospitaleiro, amigo do bem, prudente, justo, piedoso, continente, apegado à palavra tal como ela foi ensinada, para que possa exortar na sã doutrina e rebater os que a contradizem.
(Tt 1,7)

BLASFÊMIA

A sabedoria... não deixará sem castigo o blasfemador pelo crime de seus lábios.
(Sb 1,6)

Aquele que profere uma linguagem iníqua não pode fugir do Espírito do Senhor.
(Sb 1,8)

Quem blasfemar o nome do Senhor será punido de morte. Toda a assembleia o apedrejará.
(Lv 24,16)

Aquele que tiver blasfemando contra o Espírito Santo não alcançará perdão.
(Lc 12,10)

BOAS OBRAS

Guardai-vos de fazer vossas boas obras diante dos homens, para serdes vistos por eles. Assim não tereis a recompensa junto de vosso Pai que está no céu.
(Mt 6,1)

Brilhe a vossa luz diante dos homens, para que vejam as vossas obras e glorifiquem vosso Pai que está nos céus.
(Mt 5,16)

Sobrevirá glória, honra e paz a todo o que faz o bem.
(Rm 2,10)

Aquele que souber fazer o bem e não o faz, peca.
(Tg 4,17)

Esta é a vontade de Deus; que, praticando o bem, façais emudecer a ignorância dos insensatos.
(1Pd 2,15)

Não há árvore boa que dê fruto mau, nem árvore má que dê fruto bom. Cada árvore se conhece pelo seu fruto. Não se colhem figos dos espinheiros, nem se apanham uvas dos abrolhos. O homem bom tira coisas boas do bom tesouro do seu coração e o homem mau tira coisas más do seu mau tesouro.
(Lc 6,44)

De que aproveitará a alguém dizer que tem fé, se não tiver obras? Acaso esta fé poderá salvá-lo? O homem é justificado pelas obras e não somente pela fé... Se a fé não tiver obras, é mor-

ta em si mesma... Assim como o corpo sem alma é morto, assim também a fé sem obras é morta.
(Tg 2,14, 26)

Enquanto temos tempo, façamos o bem a todos os homens, particularmente aos irmãos na fé.
(Gl 6,10)

BONDADE

A bondade é um edifício eterno.
(Sl 88,3)

O Senhor é bom para com todos.
(Sl 144,9)

O homem liberal faz bem a si próprio.
(Pr 11,17)

O que muito dá, muito receberá.
(Pr 11,25)

A benevolência (de Deus) é para os homens retos.
(Pr 14,9)

Não alegra o coração de Deus humilhar e afligir os homens.
(Lm 3,33)

Cada um de vós tenha bom coração e seja compassivo para com o seu irmão.
(Zc 7,9)

Amai os vossos inimigos, fazei bem aos que vos odeiam, abençoai os que vos maldizem.
(Lc 6,27)

O Altíssimo é bom para com os ingratos e maus.
(Lc 6,35)

Sejam bondosos e compassivos uns com os outros.
(Ef 4,32)

CARIDADE

O ódio desperta rixas; a caridade, porém, supre todas as faltas.
(Pr 10,12)

Quem despreza o seu próximo demonstra falta de senso.
(Pr 11,12)

Quem despreza o próximo, comete um pecado; feliz aquele que tem compaixão do desgraçado.
(Pr 14,21)

O encanto de um homem é a sua caridade.
(Pr 19,22)

Estende a mão ao pobre... não deixes de consolar os que choram... aproxima-te dos que estão aflitos... não tenhas preguiça para visitar um doente, pois é assim que te firmarás na caridade.
(Eclo 7,36)

Teu inimigo tem fome? Dá-lhe de comer. Tem sede? Dá-lhe de beber.
(Pr 25,21)

Ante o progresso crescente da iniquidade, a caridade de muitos se esfriará.
(Mt 24,12)

Que vossa caridade não seja fingida. Aborrecei o mal, apegai-vos solidamente ao bem.
(Rm 12,9)

Tudo o que fazeis, fazei-o na caridade.
(1Co 16,14)

Progredi na caridade, segundo o exemplo de Cristo, que nos amou e por nós se entregou a Deus como oferenda e sacrifício.
(Ef 5,2)

Revesti-vos da caridade, que é o vínculo da perfeição.
(Cl 3,14)

Mantende entre vós mútua e constante caridade, porque a caridade cobre a multidão de pecados.
(1Pd 4,8)

Agora subsistem estas três coisas: a fé, a esperança e a caridade. A maior delas, porém, é a caridade.
(1Cor 13,13)

Amai os vossos inimigos, fazei bem e emprestai sem daí nada esperar. E grande será, a vossa recompensa e sereis filhos do Altíssimo, porque ele é bom para os ingratos e maus.
(Lc 6,35)

Dai e vos será dado... Colocar-vos-ão no regaço medida boa, cheia, recalcada e transbordante, porque com a mesma medida com que medirdes sereis medidos.
(Lc 6,38)

Ainda que eu falasse a língua dos homens e dos anjos, se não tiver caridade, sou como o bronze que soa, ou como o címbalo que retine.
(1Cor 13,1)

A caridade é paciente, a caridade é benigna. A caridade não é invejosa, não se ufana, não se ensoberbece. A caridade nada faz de inconveniente, não busca os seus próprios interesses, não suspeita mal. Não se alegra com a injustiça, mas se rejubila com a verdade. Tudo crê, tudo espera, tudo suporta. A caridade jamais acabará.
(1Cor 13,4)

CASTIGO

O Senhor castiga aquele que ama e pune o filho a quem muito estima.
(Pr 3,12)

A correção e a disciplina são o caminho da vida.
(Pr 6,23)

Quem poupa a vara odeia seu filho; quem o ama castiga-o na hora precisa.
(Pr 13,24)

A loucura apega-se ao coração da criança; a vara da disciplina o afastará dela.
(Pr 22,15)

Quem ama o perigo nele perecerá.
(Eclo 3,27)

A desgraça não deixará a casa daquele que retribui o bem pelo mal.
(Pr 17,13)

Quem se ri de um infeliz não ficará impune.
(Pr 17,5)

Perecem aqueles que de vós se apartam... Destruís os que procuram satisfação fora de vós.
(Sl 72,27)

Os ímpios terão o castigo que merecem... suas mulheres serão insensatas e seus filhos malvados, a raça deles será maldita.
(Sb 3,10)

O Senhor é lento para castigar... não acrescentes pecado sobre pecado... Não digas: "A misericórdia de Deus é grande, ele terá piedade da multidão de meus pecados".
(Eclo 5,4)

Piedade e cólera são em Deus igualmente rápidas, e o seu furor visa aos pecadores... sua cólera virá de repente e ele te perderá no dia do castigo.
(Eclo 5,7)

Quem cava uma fossa, nela cairá... quem põe uma pedra no caminho do próximo, nela tropeçará... quem arma uma cilada a outrem, nela será apanhado; o desígnio criminoso volta-se contra o seu autor.
(Eclo 27,29)

Semearam ventos, colherão tempestades.
(Os 8,7)

Quem procura prender, será preso. Quem matar pela espada, pela espada deve ser morto.
(Ap 13,10)

O senhor sabe livrar das provações os homens piedosos e reservar os ímpios para serem condenados no dia do juízo.
(2Pd 2,9)

Tribulação e angústia cairão sobre todo aquele que pratica o mal.
(Rm 2,9)

CIÊNCIA

Para o homem prudente a ciência é um ornato de ouro, uma pulseira que traz no braço direito.
(Eclo 21,24)

Acautela-te de uma busca exagerada das coisas inúteis e de uma curiosidade excessiva nas numerosas obras de Deus.
(Eclo 3,24)

Há certas descobertas que acarretam a ruína do homem.
(Eclo 20,9)

A ciência incha, mas a caridade edifica.
(1Cor 8,1)

Não vos deixeis iludir pela filosofia e seus sofismas vãos, que se inspiram na tradição dos homens e nos elementos do mundo, em lugar de se apoiar em Cristo.
(Cl 2,8)

CIÚME

A mulher ciumenta é uma dor de coração e um luto.
(Eclo 26,8)

A língua da mulher ciumenta é um chicote que atinge todos os homens.
(Eclo.26,9)

COBIÇA

O homem cobiçoso perturba sua casa.
(Pr 15,27)

O homem cobiçoso provoca contendas.
(Pr 28,25)

CONCUPISCÊNCIA

Andai segundo o Espírito e não satisfareis aos apetites da carne, porque os desejos da carne se opõem aos do Espírito e estes aos da carne: pois são contrários uns aos outros.
(Gl 5,16)

Os que são de Cristo crucificaram a carne com suas paixões e concupiscências.
(Gl 5,24)

O mundo passa com suas concupiscências. Mas quem cumpre a vontade de Deus permanecerá eternamente.
(1Jo 2,17)

CONFIANÇA

Mais vale procurar refúgio no Senhor do que confiar nos homens.
(Sl 117,8)

Agradam ao Senhor os que confiam em sua misericórdia.
(Sl 146,11)

Quem confia no Senhor permanece seguro.
(Pr 29,25)

Nenhum daqueles que confiaram no Senhor foi humilhado.
(Eclo 2,11)

Ai dos corações tímidos, que não confiam em Deus e que Deus, por essa razão, não protege.
(Eclo 2,13)

Maldito o homem que em outro confia, que da carne faz seu apoio... Bendito o homem que deposita sua confiança no Senhor e cuja esperança é o Senhor.
(Jr 17,5)

O Senhor é bom para quem nele confia, para a alma que o procura.
(Lm 3,25)

Bom é esperar em silêncio o socorro do Senhor.
(Lm 3,26)

Nenhuma confusão existe para aqueles que põem em Deus sua confiança.
(Dn 3,40)

Confia teus negócios ao Senhor e teus planos terão bom êxito.
(Pr 16,3)

Confiai todas as vossas preocupações a Deus, porque ele tem cuidado de vós.
(1Pd 5,7)

Nisto é perfeito em nós o amor: que tenhamos confiança no dia do julgamento, pois assim como ele é, também nós o somos neste mundo... Mas amamos, porque Deus nos amou primeiro.
(1Jo 4,17)

Vinde a mim, vós todos que estais aflitos, e eu vos aliviarei. Tomai meu jugo sobre vós e recebei minha doutrina, porque eu sou

manso e humilde de coração e achareis o repouso, para as vossas almas. Porque meu jugo é suave e meu peso é leve.
(Mt 11,28)

CONSELHO

Busca sempre conselho junto ao sábio.
(Tb 4,19)

Ao insensato parece reto o seu proceder, enquanto o sábio ouve os conselhos.
(Pr 12,15)

Como é agradável uma palavra oportuna!
(Pr 15,23)

Ouve os conselhos, aceita a instrução: tu serás sábio para o futuro.
(Pr 19,20)

Meu filho, nada faças sem conselheiro e não te arrependerás depois de teres agido.
(Eclo 32,24)

O ouro e a prata são bases sólidas. Um bom conselho, porém, supera um e outra.
(Eclo 40,25)

CONVERSÃO

Se o mau renunciar a todos os seus erros para praticar as minhas leis e seguir a justiça e a equidade, então ele viverá e não perecerá. Não lhe será tomada em conta qualquer das faltas cometidas. Ele há de viver por causa da justiça que praticou.
(Ez 18,21)

Terei eu prazer com a morte do malvado? – oráculo do Senhor Javé – não é antes para que ele mude de proceder e viva?
(Ez 18,23)

E se um justo abandonar a justiça e praticar o mal e imitar todas as abominações cometidas pelo malvado, viverá ele? Não. Não será tido em conta nenhum dos atos bons que houver praticado. É em razão de sua infidelidade que se tornou culpado e é por causa dos pecados que ele deverá morrer. Direis que não é justo o proceder do Senhor. Ouvi-me então: É o meu modo de proceder que não é justo? Não será talvez o vosso que é injusto?
(Ez 18,24)

Quando um malvado renuncia ao mal para praticar a justiça e a equidade, ele faz reviver a sua alma. Se ele se corrige e renuncia a todas as suas faltas, certamente viverá e não perecerá.
(Ez 18,27)

Convertei-vos! Renunciai a todas as vossas faltas! Repeli para longe de vós todas as vossas culpas para criardes em vós um coração novo e um espírito novo. Por que pereceis? Pois eu não sinto prazer com a morte de quem quer que seja – oráculo do Senhor Javé! Convertei-vos e vivereis.
(Ez 18,30)

A malícia do pecador não há de o fazer sucumbir, se ele, um dia, renunciar à sua perversidade... se ele observar as leis que dão vida e se abstiver de todo mal, ele viverá e será preservado da morte. Nenhum delito que tenha cometido será computado. Ele viverá porque terá observado a justiça e a honestidade.
(Ez 33,12)

Se o justo abandonar sua retidão para cometer o mal, morrerá. Se o mau renunciar à sua malícia para praticar o bem honesto, viverá.
(Ez 33,18)

Rasgai vossos corações e não vossas vestes; voltai ao Senhor Deus, porque ele é bom e compassivo, longânime e indulgente, pronto a arrepender-se do castigo que inflige.
(Jl 2,13)

Arrependei-vos e convertei-vos, para serem apagados os vossos pecados.
(At 3,19)

Se não vos arrependerdes, perecereis todos do mesmo modo.
(Lc 13,5)

Aquele que fizer um pecador retroceder do seu erro, salvará sua alma da morte e fará desaparecer uma multidão de pecados.
(Tg 5,19)

CORAÇÃO

Guarda teu coração acima de todas as outras coisas, porque dele brotam todas as fontes da vida.
(Pr 4,23)

Um coração tranquilo é a vida do corpo.
(Pr 14,30)

O coração do inteligente procura a ciência.
(Pr 15,14)

O coração contente alegra o semblante; quando o coração está triste, a alma se abate.
(Pr 15,13)

O coração do homem modifica seu rosto.
(Eclo 13,31)

O coração do homem dispõe o seu caminho, mas é o Senhor que dirige seus passos.
(Pr 16,9)

É o Senhor quem prova os corações.
(Pr 17,3)

Deus sonda o abismo do coração humano e penetra os seus sentimentos mais sutis.
(Eclo 42,18)

O homem vê a face. Deus, porém, vê o coração.
(1Sm 16,7)

O coração dos sábios está na casa do luto, o coração dos insensatos na casa da alegria.
(Ecl 7,4)

O coração sábio e inteligente abstém-se do pecado. Ele triunfará nas obras da justiça.
(Eclo 3,32)

O coração do insensato é como um cântaro lascado: nada retém da sabedoria.
(Eclo 21,17)

O coração dos insensatos está na boca; a boca dos sábios está no coração.
(Eclo 21,29)

Todo coração altivo é abominação ao Senhor.
(Pr 16,5)

O homem de coração falso não encontra a felicidade.
(Pr 17,20)

O coração empedernido acabará por ser infeliz.
(Eclo 3,27)

O coração de caminhos tortuosos não triunfará, e a alma corrompida neles achará ocasião de queda.
(Eclo 3,28)

O coração perverso ficará acabrunhado de tristeza e o pecador ajuntará pecado sobre pecado.
(Eclo 3,29)

Nada mais ardiloso e irremediavelmente mau que o coração. Quem o poderá compreender? Eu, porém, que sou o Senhor, sondo os corações e perscruto os rins.
(Jr 17,9)

É do interior do coração dos homens que procedem todos os males.
(Mc 7,21)

Onde estiver o teu tesouro, ali estará também o teu coração.
(Lc 12,34)

O homem bom tira coisas boas do bom tesouro do seu coração e o homem mau tira coisas más do seu mau tesouro, porque a boca fala daquilo que o coração está cheio.
(Lc 6,45)

CORPO

Vosso corpo é templo do Espírito Santo, que habita em vós, o qual vos foi dado por Deus... Glorificai a Deus no vosso corpo.
(1Cor 6,19)

Não sabeis que sois o templo de Deus, e que o Espírito de Deus habita em vós? Se alguém destruir o templo de Deus, Deus o destruirá. Porque o templo de Deus, que sois vós, é santo.
(1Cor 3,16)

Não reine o pecado em vosso corpo mortal, de modo que obedeçais a seus apetites. Nem ofereçais os vossos membros ao pecado, como instrumentos do mal. Oferecei-vos a Deus.
(Rm 6,12)

Semeado na corrupção, o corpo ressuscita incorruptível; semeado no desprezo, ressuscita glorioso; semeado na fraqueza, ressuscita vigoroso; semeado corpo animal, ressuscita corpo espiritual.
(1Cor 15,42)

CORREÇÃO

É melhor ouvir a reprimenda do sábio do que a canção do tolo.
(Ecl 7,5)

Desgraçado é aquele que rejeita a sabedoria e a disciplina.
(Sb 3,10)

Quem detesta a correção abreviará sua vida.
(Eclo 19,5)

Quem se descuida das coisas pequenas, pouco a pouco cairá.
(Eclo 19,1)

A correção e a disciplina são o caminho da vida.
(Pr 6,23)

Quem ama a correção ama a ciência, mas o que detesta a reprimenda é um insensato.
(Pr 12,1)

Miséria e vergonha a quem recusa a disciplina, honra ao que aceita a reprimenda.
(Pr 13,18)

O que aborrece a repreensão perecerá.
(Pr 15,10)

Melhor é uma correção manifesta do que uma amizade simulada.
(Pr 27,5)

Não poupes ao menino a correção; se tu o castigares com a vara, ele não morrerá.
(Pr 23,13)

Uma repreensão causa mais efeito sobre um homem prudente do que cem golpes num tolo.
(Pr 17,10)

O que rejeita a correção faz pouco caso de sua vida; quem ouve a repreensão adquire sabedoria.
(Pr 15,32)

Não tenhas complacência com as fragilidades do teu próximo.
(Eclo 4,27)

Não censures ninguém antes de estares bem informado; e quando te tiveres informado, responde com equidade.
(Eclo 11,7)

Há uma falsa correção na cólera de um insolente.
(Eclo 19,28)

Não te envergonhes de corrigir frequentemente os teus filhos.
(Eclo 42,5)

É com mansidão que se deve corrigir os adversários, na esperança de que Deus lhes conceda o arrependimento e o conhecimento da verdade.
(2Tm 2,25)

CORRUPÇÃO

Corromperam-se os homens, sua conduta é abominável. Não há um só que pratique o bem.
(Sl 52,2)

Não há mais ninguém que faça o bem, nem um, nem mesmo um só.
(Sl 52,4)

Os presentes corrompem o coração.
(Ecl 7,7)

As más companhias corrompem os bons costumes.
(1Cor 15,33)

CRIME

O crime não pode salvar o criminoso.
(Ecl 8,8)

Não posso suportar a presença do crime na festa religiosa.
(Is 1,13)

CRISTO

Eis que este menino (Cristo) está destinado a ser uma causa de queda e soerguimento para muitos homens, e a ser um sinal que provocará contradição.
(Lc 2,34)

O que me reconhecer diante dos homens, também o Filho do Homem o reconhecerá diante dos anjos de Deus, mas quem me negar diante dos homens, será negado diante dos anjos de Deus.
(Lc 12,8)

Quem crê em Cristo tem a vida eterna, mas quem não crê em Cristo não verá a vida, mas sobre ele pesa a ira de Deus.
(Jo 3,36)

Eu sou a luz do mundo. Aquele que me segue não andará nas trevas, mas terá a luz da vida.
(Jo 8,12)

Eu sou o caminho, a verdade e a vida.
(Jo 14,6)

Para os eleitos, Cristo é o poder de Deus e a sabedoria de Deus.
(1Cor 1,24)

Todo aquele que nega o Filho, não admite o Pai. Todo aquele que proclama o Filho, proclama também o Pai.
(1Jo 2,23)

Todo espírito que proclama Jesus Cristo, que se encarnou, é de Deus; todo espírito que não proclama Jesus, não é de Deus, mas é o espírito do anticristo.
(1Jo 4,2)

Todo aquele que proclama que Jesus é o Filho de Deus, Deus permanece nele e ele em Deus.
(1Jo 4,15)

Há um só Deus e um só mediador entre Deus e os homens: Jesus Cristo homem, que se deu em resgate por todos.
(1Tm 2,5)

Em Cristo habita corporalmente toda a plenitude da divindade.
(Cl 2,9)

Cristo morreu por todos, a fim de que os que vivem já não vivam para si, mas para aqueles que por eles morreu.
(2Cor 5,15)

Cristo remiu-nos da maldição da lei, fazendo-se por nós maldição, pois está escrito: Maldito todo aquele que é suspenso no madeiro.
(Gl 3,13)

Desci do céu, não para fazer a minha vontade, mas a vontade daquele que me enviou. Esta é a vontade daquele que me enviou: que eu não deixe perecer nenhum daqueles que me deu, mas que os ressuscite no último dia.
(Jo 6,38)

Eu sou o bom pastor, que expõe a vida pelas suas ovelhas... Eu sou o bom pastor. Conheço minhas ovelhas e elas me conhecem... Dou minha vida pelas minhas ovelhas.
(Jo 10,11,14)

Quem come a minha carne e bebe o meu sangue, tem a vida eterna. E eu o ressuscitarei no último dia.
(Jo 6,54)

Que Cristo habite pela fé em vossos corações, arraigados e fundados na caridade.
(Ef 3,17)

CRÍTICAS

Acautelai-vos de vos queixar inutilmente, porque até mesmo uma palavra secreta não ficará sem castigo e a boca que acusa com injustiça arrasta a alma à morte.
(Sb 1,11)

CRUZ

A linguagem da cruz é loucura para os que se perdem, mas para os que se salvam é uma força divina.
(1Cor 1,18)

DECADÊNCIA MORAL

A terra está cheia de adultérios e está em luto esta terra maldita... os homens correm para o mal. É a iniquidade que lhes dá forças. São profanos o próprio profeta e o sacerdote.
(Jr 23,10)

79

Corromperam-se os homens, sua conduta é abominável. Não há um só que pratique o bem.
(Sl 52,2)

DEFEITOS

Deus encontra defeitos nos próprios anjos.
(Jó 4,18)

Se tiveres cometido uma falta, não a reveles.
(Eclo 19,8)

DESGRAÇA

A desgraça pesa muito forte sobre os homens.
(Ecl 8,6)

Uma grande inquietação foi imposta a todos os homens e um pesado jugo acabrunha os filhos de Adão, desde o dia em que saem do seio materno, até o dia em que são sepultados no seio da mãe comum de todos.
(Eclo 40,1)

DEUS

Deus é sublime em seu poder.
(Jó 36,22)

Deus tem nas mãos a alma de tudo o que vive.
(Jó 12,10)

Deus é poderoso, mas não é arrogante.
(Jó 36,5)

Deus é grande demais para que o possamos conhecer.
(Jó 36,26)

Deus está envolto numa majestade temível... Ele é eminente em força e em equidade; grande na justiça, ele não tem contas a dar a ninguém.
(Jó 37,22)

Deus não olha os que se julgam sábios.
(Jó 37,24)

Deus é um juiz íntegro, um deus perpetuamente ameaçador.
(Sl 7,12)

Deus não confia nem mesmo em seus santos; e os céus não são puros a seus olhos!
(Jó 15,15)

Vós sois o Deus dos prodígios.
(Sl 76,15)

Terrível é Deus na assembleia dos santos.
(Sl 88,8)

O Senhor é um Deus zeloso e vingador; o Senhor é um vingador irascível.
(Na 1,2)

81

O Senhor teu Deus é um fogo devorador, um Deus zeloso.
(Dt 4,24)

Eu sou o Deus zeloso, que castigo a iniquidade dos pais nos filhos até a terceira e quarta geração daqueles que me aborrecem, mas uso de misericórdia até a milésima geração com aqueles que me amam e guardam os meus mandamentos.
(Dt 5,9)

O Senhor é um Deus Santo, um Deus zeloso, que não perdoará vossas maldades e vossos pecados.
(Js 24,19)

A justiça e o direito são o fundamento do vosso trono.
(Sl 88,15)

Desde toda a eternidade vosso trono é firme e vós sempre existis.
(Sl 92,2)

Senhor, Deus justiceiro, Deus de justiça.
(Sl 93,1)

Seu trono tem por fundamento a justiça e o direito.
(Sl 96,2)

Deus é justo em seus desígnios e santo em tudo o que faz.
(Sl 144,13)

Deus é fiel e sem iniquidade; ele é reto e justo.
(Dt 32,4)

Deus sonda todos os corações e penetra todos os desígnios do espírito.
(1Cr 28,9)

O Senhor é paciente e grande em poder; não deixa impune o pecador.
(Na 1,3)

O Senhor se move na tempestade e no vento impetuoso; as nuvens são como que poeira de seus passos.
(Na 1,3)

Deus ri-se do desespero dos inocentes.
(Jó 9,23)

Vós sois um Deus bondoso e compassivo, lento para a ira, cheio de clemência e fidelidade.
(Sl 85,15)

Deus é bom, sua misericórdia é eterna.
(Sl 99,5)

O Senhor é bom e misericordioso; lento para a cólera e cheio de clemência.
(Sl 102,8)

O Senhor é clemente e misericordioso.
(Sl 110,4)

O Senhor é clemente e compassivo, longânime e cheio de bondade. O Senhor é bom para com todos, misericordioso com suas criaturas.
(Sl 144,8)

Misericórdia e ira estão sempre em Deus, grandemente misericordioso, porém capaz de cólera.
(Eclo 16,12)

Deus é bom e compassivo, longânime e indulgente, pronto a arrepender-se do castigo que inflige.
(Jl 2,13)

O Senhor é bom, é um refúgio na tribulação, conhece os que nele confiam.
(Na 1,7)

O Senhor é misericordioso; não te desamparará nem te destruirá.
(Dt 4,31)

Com quem é bondoso vos mostrais bondoso, com homem íntegro vos mostrais íntegro, puro, com quem é puro; prudente, com que é astuto.
(2Sm 22,26)

O Altíssimo é bom para com os ingratos e maus.
(Lc 6,35)

O Senhor é misericordioso e compassivo.
(Tg 5,11)

Deus é amor.
(1Jo 4,8)

Deus é espírito. Seus adoradores devem adorá-lo em espírito e verdade.
(Jo 4,24)

Deus não é Deus da confusão, mas sim, da paz.
(1Cor 14,33)

Não vos enganeis: de Deus não se zomba.
(Gl 6,7)

Eu sou o alfa e o ômega, diz o Senhor Deus, aquele que é, era e que vem, o Dominador.
(Ap 1,8)

Santo, santo, santo é o Senhor Deus, o Dominador, o que é, o que era e o que há de voltar.
(Ap 4,8)

DIA DO SENHOR

O sol converter-se-á em trevas e a lua em sangue ao se aproximar o grandioso e terrível dia do Senhor!
(Jl 3,4)

O dia do Senhor será trevas e não claridade, escuridão e não luz.
(Am 5,20)

DINHEIRO

O dinheiro serve para tudo.
(Ecl 10,19)

Nada há mais iníquo do que o amor ao dinheiro; aquele que o ama chega até a vender sua alma.
(Eclo 10,10)

O amor ao dinheiro é a raiz de todos os males.
(1Tm 6,10)

DIREITO

Respeitai o direito, protegei o oprimido, fazei justiça ao órfão, defendei a viúva.
(Is 1,17)

Maldito aquele que violar o direito do estrangeiro, do pobre ou da viúva.
(Dt 27,19)

DISCÓRDIA

O que ama as disputas ama o pecado.
(Pr 17,19)

É uma glória para o homem afastar-se das contendas; o tolo, porém, é o único que as procura.
(Pr 20,3)

Os lábios do insensato promovem contendas.
(Pr 18,6)

Há uma coisa que é uma abominação ao Senhor: aquele que semeia discórdias entre irmãos.
(Pr 6,19)

Onde houver ciúme e contenda, ali também haverá perturbação e toda espécie de vícios.
(Tg 3,16)

DOENÇA

Uma doença prolongada cansa o médico.
(Eclo 10,11)

Meu filho, se estiveres doente, não descuides de ti, mas ora ao Senhor, que te curará.
(Eclo 38,9)

A oração da fé salvará o enfermo e o Senhor o restabelecerá. Se ele cometeu pecados, ser-lhe-ão perdoados.
(Tg 5,15)

DOR

Pela dor também o homem é instruído em seu leito.
(Jó 33,19)

Deus instrui o pobre pelo sofrimento.
(Jó 36,15)

EMPRÉSTIMO

Aquele que tem compaixão, empresta com juros ao seu próximo.
(Eclo 29,1)

Empresta a teu próximo quando estiver necessitado e, de teu lado, paga-lhe o que lhe deves no tempo marcado.
(Eclo 29,2)

Muitos consideraram como achado o que pediram emprestado e causaram desgosto àqueles que os ajudaram.
(Eclo 29,4)

Muitos não emprestam não por maldade, mas por medo de serem injustamente iludidos.
(Eclo 29,10)

Não emprestes dinheiro a alguém mais poderoso do que tu, pois, se lhe emprestares, considera-o perdido.
(Eclo 8,15)

Não te empobreças pedindo empréstimos para aparentar, quando nada tens no bolso.
(Eclo 18,33)

Dá a quem te pede e não te desvies de quem te quer pedir emprestado.
(Mt 5,42)

Fazei bem e emprestai, sem daí nada esperar. E grande será a vossa recompensa.
(Lc 6,35)

ESCÂNDALO

Ai do mundo por causa dos escândalos! Eles são inevitáveis; mas ai do homem que os causa!
(Mt 18,7)

Se alguém fizer cair em pecado um destes pequenos que creem em mim, melhor fora que lhe atassem ao pescoço a mó de um moinho e o lançassem ao fundo do mar.
(Mt 18,6)

É impossível que não haja escândalos; mas ai daquele por quem eles vêm! Melhor lhe seria que lhe atassem uma pedra de moinho ao pescoço e o lançassem ao mar.
(Lc 17,1)

ESCRAVO

Para o jumento o feno, a vara e a carga; para o escravo o pão, o castigo e o trabalho.
(Eclo 33,25)

O escravo só trabalha quando corrigido e só aspira ao repouso: afrouxa-lhe a mão e ele buscará a liberdade.
(Eclo 33,26)

O jugo e a correia fazem dobrar o mais rígido pescoço; o trabalho contínuo torna o escravo dócil.
(Eclo 33,27)

Para o escravo malévolo a tortura e os ferros; manda-o para o trabalho para que ele não fique ocioso... ocupa-o no trabalho,

pois é o que lhe convém. Se ele não obedecer, submete-o com grilhões, mas não cometas excessos, seja com quem for.
(Eclo 33,30)

Se tiveres um escravo fiel, que ele te seja tão estimado como a ti mesmo; trata-o como irmão.
(Eclo 33,31)

Não te envergonhes de golpear até sangrar as costas de um escravo ruim.
(Eclo 42,5)

Não maltrates o escravo que trabalha pontualmente.
(Eclo 7,22)

Que o escravo sensato te seja tão caro quanta tua própria vida. Não o prives da liberdade.
(Eclo 7,23)

ESCRITURA

Toda a Escritura é inspirada por Deus e útil para ensinar, para persuadir, para corrigir e para formar na justiça.
(2Tm 3,16)

ESMOLA

Dá esmola dos teus bens e não te desvies de nenhum pobre, pois assim fazendo, Deus tampouco se desviará de ti.
(Tb 4,7)

Sê misericordioso segundo as tuas posses.
(Tb 4,8)

Se tiveres muito, dá abundantemente; se tiveres pouco, dá desse pouco de bom coração. Assim acumularás uma boa recompensa para o dia da necessidade.
(Tb 4,9)

A esmola livra do pecado e da morte e preserva a alma de cair nas trevas.
(Tb 4,11)

A esmola será para todos os que a praticam um motivo de grande confiança diante de Deus Altíssimo.
(Tb 4,12)

A esmola é preferível aos tesouros de ouro escondidos; porque a esmola livra da morte: ela apaga os pecados e faz encontrar a misericórdia e a vida eterna.
(Tb 12,8)

Feliz aquele que tem compaixão dos desgraçados!
(Pr 14,21)

Honra ao Criador quem se compadece do indigente.
(Pr 14,31)

Quem se apieda do pobre empresta ao Senhor, que lhe restituirá o benefício.
(Pr 19,17)

Quem se faz surdo às súplicas do pobre não será ouvido quando ele mesmo clamar.
(Pr 21,13)

O homem benevolente será abençoado porque tira de seu pão para o pobre.
(Pr 22,9)

O que dá ao pobre não padecerá penúria, mas quem o despreza ficará cheio de maldições.
(Pr 28,27)

A água apaga o fogo ardente, a esmola enfrenta o pecado.
(Eclo 3,33)

Não negues a esmola ao pobre, nem dele desvies teus olhos. Não desprezes o que tem fome, não ofendas o pobre em sua indigência, não aflijas o coração do infeliz, não recuses tua esmola ao que está na miséria; não rejeites o pedido do aflito, não desvies o rosto do pobre.
(Eclo 4,1)

Deus olha aquele que pratica a misericórdia, dele se lembra no porvir; no dia da infelicidade ele achará apoio.
(Eclo 3,34)

Aos que pedem não deis motivos de vos amaldiçoarem pelas costas, pois será atendida a imprecação daquele que amaldiçoa na amargura de sua alma.
(Eclo 4,6)

Não desvies os olhos do indigente, para que ele não se zangue.
(Eclo 4,5)

Dá ouvidos ao pobre, de boa vontade; dá-lhe com doçura uma resposta consoladora.
(Eclo 4,8)

Que tua mão não seja aberta para receber, e fechada para dar.
(Eclo 4,36)

Não há bem para quem persevera no mal e não dá esmolas.
(Eclo 12,3)

A esmola de um homem é para Deus um selo e ele conserva a beneficência do homem como a pupila dos olhos.
(Eclo 17,18)

Por causa do mandamento, socorre o pobre e não o deixes de mãos vazias na sua indigência.
(Eclo 29,12)

Gasta o teu tesouro segundo o preceito do Altíssimo, e isto te aproveitará mais do que o ouro.
(Eclo 29,14)

Perde teu dinheiro em favor de teu irmão e de teu amigo, não o escondas debaixo de uma pedra para ficar perdido.
(Eclo 29,13)

Encerra a esmola no coração do pobre e ela rogará por ti a fim de te preservar de todo mal.
(Eclo 29,15)

Se dás do teu pão ao faminto, se alimentas os pobres, tua luz levantar-se-á na escuridão e tua noite resplandecerá como o dia pleno.
(Is 58,10)

Dai e vos será dado.
(Lc 6,38)

Quem tem duas túnicas, dê uma a quem não tem; e quem tem o que comer faça o mesmo.
(Lc 3,11)

Quando dás esmola, não toques a trombeta diante de ti, como fazem os hipócritas nas sinagogas e nas ruas, para serem louvados pelos homens... Quando deres esmola, que tua mão esquerda não saiba o que fez a direita; assim a tua esmola se fará em segredo e teu Pai, que vê o escondido, recompensar-te-á.
(Mt 6,2)

Vendei o que possuís e dai esmolas; fazei para vós bolsos que não se gastam e um tesouro inesgotável nos céus, aonde não chega o ladrão, onde a traça não o destrói.
(Lc 12,33)

Cada um dê conforme o impulso de seu coração, sem tristeza, nem constrangimento. Deus ama o que dá com alegria.
(2Cor 9,7)

ESPERANÇA

Feliz o homem que pôs sua esperança no Senhor!
(Sl 39,5)

Bom é esperar em silêncio o socorro do Senhor.
(Lm 3,26)

ESPÍRITO SANTO

O Espírito Santo, educador, fugirá da perfídia, afastar-se-á dos pensamentos insensatos.
(Sb 1,5)

A Sabedoria é um Espírito que ama os homens, mas não deixará sem castigo o blasfemador pelo crime de seus lábios.
(Sb 1,6)

Há na sabedoria um Espírito inteligente, santo.
(Sb 7,22)

A sabedoria é um sopro do poder de Deus... efusão da luz eterna.
(Sb 7,25)

Espírito do Senhor, Espírito de sabedoria e entendimento, de prudência e de coragem, Espírito de ciência e de temor do Senhor.
(Is 11,2)

O vosso corpo é templo do Espírito Santo que habita em vós... Glorificai, pois, a Deus em vosso corpo.
(1Cor 6,19)

Não sabeis que sois o templo de Deus e que o Espírito de Deus habita em vós? Se alguém destruir o templo de Deus, Deus o destruirá. Porque o templo de Deus, que sois vós, é santo.
(1Cor 3,16)

Aquele que tiver blasfemado contra o Espírito Santo não alcançará perdão.
(Lc 12,10)

ETERNIDADE

Mil anos diante de vós, ó Deus, são como o dia de ontem que já passou.
(Sl 89,4)

Deus é misericordioso... seu ressentimento não é eterno... sua misericórdia é eterna.
(Sl 102,9; 102,17)

Vós, Senhor, sois eterno, e vosso trono subsistirá através dos tempos.
(Lm 5,19)

Fundaste a terra em bases sólidas, que são eternamente inabaláveis.
(Sl 103,5)

Após a morte nada mais há... os homens não são imortais.
(Eclo 17,27; 17,29)

Muitos daqueles que dormem no pó da terra despertarão, uns para uma vida eterna, outros para a ignomínia, a infâmia eterna.
(Dn 12,2)

Quem crê no Filho tem a vida eterna, mas quem não crê no Filho não terá a vida, mas sobre ele pesa a ira de Deus.
(Jo 3,36)

Quem come a minha carne e bebe o meu sangue, tem a vida eterna; e eu o ressuscitarei no último dia.
(Jo 6,54)

O mundo passa com suas concupiscências; mas quem cumpre a vontade de Deus, permanece eternamente.
(1Jo 2,17)

EVANGELHO

Aprouve a Deus salvar os que creem, pela loucura da sua mensagem.
(1Cor 1,21)

O Evangelho é uma força vinda de Deus, para a salvação de todo o que crê. Porque nele se revela a justiça de Deus, que se obtém pela fé e conduz à fé, como está escrito: "O justo vive de fé".
(Rm 1,16)

FAMA

Boa fama vale mais que bom perfume.
(Ecl 7,1)

Bom renome vale mais que as riquezas, a boa reputação vale mais que o ouro e a prata.
(Pr 22,1)

Cuida em procurar para ti uma boa reputação; pois esse bem ser-te-á mais estável que mil tesouros grandes e preciosos... a boa fama permanece para sempre.
(Eclo 41,16)

Guardai-vos de fazer boas obras diante dos homens, para serdes visto por eles.
(Mt 6,1)

FÉ
Tudo é possível ao que crê.
(Mc 9,23)

A fé vem da pregação e a pregação se faz por causa da palavra de Cristo.
(Rm 10,17)

Aprouve a Deus salvar os que creem pela loucura de sua mensagem.
(1Cor 1,21)

Que Cristo habite pela fé em vossos corações, arraigados e fundados na caridade.
(Ef 3,17)

Deus não enviou seu Filho ao mundo para condená-lo, mas para que o mundo seja salvo por ele. Quem nele crer não será condenado; quem nele não crer já está condenado, porque não crê no nome do Filho único de Deus.
(Jo 3,17)

Em verdade, em verdade vos digo: quem ouve minha palavra e crê naquele que me enviou, tem a vida eterna e não incorre na condenação, mas passou da morte para a vida.
(Jo 5,24)

A obra de Deus é esta: que creiais naquele que ele enviou... Quem crê em mim tem a vida eterna.
(Jo 6,29,47)

O homem é justificado pelas obras e não somente pela fé... Assim como o corpo sem alma é morto, assim também a fé sem obras é morta.
(Tg 2,24)

Esta é a vitória que vence o mundo: a nossa fé. Quem é vencedor do mundo, senão aquele que crê que Jesus é o Filho de Deus?
(1Jo 5,4)

Que vossa fé não se baseie na sabedoria dos homens, mas no poder de Deus.
(1Cor 2,5)

Se Cristo não ressuscitou, é vã nossa pregação e vã a vossa fé... Se for só por esta vida que temos colocado a nossa esperança em Cristo, somos de todos os homens os mais dignos de lástima.
(1Cor 15,14,19)

FELICIDADE

Feliz aquele que se compraz no serviço do Senhor e medita sua lei dia e noite.
(Sl 1,2)

Feliz o homem que pôs sua esperança no Senhor.
(Sl 39,5)

Para mim a felicidade é aproximar-me de Deus e pôr minha confiança no Senhor.
(Sl 72,28)

A felicidade é a recompensa dos justos.
(Pr 13,21)

Não haverá nenhuma felicidade para o ímpio.
(Ecl 8,13)

No dia da felicidade, sê alegre. No dia da desgraça, pensa; porque Deus fez um e outro, de tal modo que o homem não descobre o futuro.
(Ecl 7,14)

Embora um homem crie cem filhos, viva muitos anos, durando longamente os dias da sua vida, se não pode fartar-se de seus

bens e não tiver tido sepultura, eu diria que um aborto lhe seria preferível.
(Ecl 6,3)

FIANÇA

Não prestes fiança além de tuas posses.
(Eclo 8,16)

Não sejas daqueles que se fazem fiadores de dívidas.
(Pr 22,26)

É destituído de senso o que aceita compromissos e que fica fiador para seu próximo.
(Pr 17,18)

Quem fica fiador dum estranho, cai na desventura; o que evita os laços viverá tranquilo.
(Pr 11,15)

Um mau penhor perdeu a muita gente que prosperava e as agitou como as ondas do mar.
(Eclo 29,24)

FIDELIDADE

Eterna permanece a fidelidade do Senhor.
(Sl 116,2)

Os que são fiéis ao Senhor habitarão com ele no amor.
(Sb 3,9)

O que é agradável ao Senhor é fidelidade e doçura.
(Eclo 1,34)

FILHOS

Os filhos são dons de Deus: é uma recompensa o fruto das entranhas.
(Sl 126,3)

Teus filhos ao redor de tua mesa serão como brotos de oliveira: assim será abençoado quem teme o Senhor.
(Sl 127,3)

Mais vale uma vida sem filhos, mas rica de virtudes.
(Sb 4,1)

Não te vanglories de ter muitos filhos, se são maus; nem ponhas neles tua alegria, se não tiverem o temor de Deus.
(Eclo 16,1)

Um único filho temente a Deus vale mais do que mil filhos ímpios.
(Eclo 16,3)

Há mais vantagem em morrer sem filhos que em deixar após si filhos ímpios.
(Eclo 16,4)

O pai morre e é como se não morresse, pois deixa depois de si um seu semelhante.
(Eclo 30,4)

O filho sábio é a alegria de seu pai; o insensato, porém, é a aflição de sua mãe.
(Pr 10,1)

Meu filho!... a luz de nossos olhos, o bordão de nossa velhice, a consolação de nossa vida, a esperança de nossa raça.
(Tb 10,4)

Um filho sábio ama a disciplina, mas o incorrigível não aceita repreensões.
(Pr 13,1)

O filho sábio alegra seu pai; o insensato despreza sua mãe.
(Pr 15,20)

O néscio desdenha a instrução de seu pai, mas o que atende à repressão torna-se sábio.
(Pr 15,5)

Um filho insensato é o pesar de seu pai e a amargura de quem o deu à luz.
(Pr 17,25)

Um filho insensato é a desgraça de seu pai.
(Pr 19,13)

O filho mal-educado é a vergonha de seu pai... a filha prudente é uma herança para o marido, mas a filha desavergonhada causa mágoa a seu pai.
(Eclo 22,3)

Quem maltrata seu pai, quem expulsa sua mãe é um filho infame e desgraçado.
(Pr 19,26)

Um menino abandonado à sua vontade se torna a vergonha da mãe.
(Pr 29,15)

Corrige teu filho e ele te dará repouso e será as delícias de tua vida.
(Pr 29,17)

Não te envergonhes de corrigir frequentemente os teus filhos.
(Eclo 42,4)

Como é infame aquele que abandona seu pai; como é amaldiçoado por Deus aquele que irrita sua mãe!
(Eclo 3,18)

Um cavalo indômito torna-se intratável; a criança entregue a si mesma torna-se temerária.
(Eclo 30,8)

Dá ouvidos a teu pai, àquele que te gerou; não desprezes tua mãe quando for velha.
(Pr 23,25)

Que teu pai se alegre por tua causa; que viva na alegria aquela que te deu à luz.
(Pr 23,25)

Honra teu pai de todo o coração e não te esqueças dos gemidos de tua mãe!
(Eclo 7,29)

Quem convive com os devassos torna-se a vergonha de seu pai.
(Pr 28,7)

Os filhos dos pecadores tornam-se objeto de abominação... a herança dos filhos dos pecadores perecerá.
(Eclo 41,8)

Os filhos de um homem ímpio queixam-se de seu pai porque é por sua culpa que estão envergonhados.
(Eclo 41,10)

Uma filha é uma preocupação secreta para o pai; o cuidado dela tira-lhe o sono. Ele teme que passe a flor da sua idade sem se casar, ou que, casada, se torne odiosa para o marido; receia que seja seduzida na sua virgindade e que se torne grávida na casa paterna. Teme que, casada, viole a fidelidade ou que, em todo caso, seja estéril.
(Eclo 42,9)

Exerce severa vigilância sobre uma filha libertina para que ela não te exponha aos insultos dos teus inimigos.
(Eclo 42,11)

FIM DO MUNDO

Destruirei tudo sobre a face da Terra – oráculo do Senhor! Farei perecer homens e animais, aves do céu e peixes do mar;

exterminarei os ímpios com seus escândalos, farei desaparecer os homens da superfície do mundo – oráculo do Senhor!
(Sf 1,2)

Ei-lo que se aproxima, o grande dia do Senhor! Ele se aproxima, rapidamente. Terrível é o ruído que faz o dia do Senhor! O mais forte soltará gritos amargos nesse dia. Esse dia será um dia de ira, dia de angústia, dia de trevas e escuridão, dia de nuvens e névoas espessas, dia de trombeta e de alarme... Mergulharei os homens na aflição e eles andarão como cegos porque pecaram contra o Senhor. Seu sangue será derramado como pó e suas entranhas como lixo. Nem a prata nem o ouro poderão salvá-los no dia da cólera do Senhor. Toda a Terra será devorada pelo fogo de seu zelo porque ele aniquilará de repente toda a população da Terra!
(Sf 1,14)

Haverá sinais no sol, na lua e nas estrelas. Na Terra, a aflição e a angústia apoderar-se-ão das nações pelo bramido do mar e das ondas. Os homens definharão de medo, na expectativa dos males que devem sobrevir a todo o mundo. As próprias forças do céu serão abaladas. Então verão o Filho do Homem vir sobre uma nuvem, com grande glória e majestade.
(Lc 21,25)

GLÓRIA

O que é elevado aos olhos dos homens é abominável aos olhos de Deus.
(Lc 16,15)

Ninguém ponha sua glória nos homens... vós sois de Cristo e Cristo é de Deus.
(1Cor 3,21)

GOVERNO

Quando dominam os justos, alegra-se o povo; quando governa o ímpio, o povo geme.
(Pr 29,2)

Amai a justiça, vós que governais a terra.
(Sb 1,1)

Ouvi e aprendei, vós que governais o mundo: é do Senhor que recebestes o poder e é do Altíssimo que tendes o poderio. É ele que examinará vossas obras e sondará vossos pensamentos!... Aqueles que dominam serão julgados rigorosamente... os poderosos serão julgados sem piedade.
(Sb 6,1)

A malícia derrubará os tronos dos poderosos.
(Sb 5,23)

Para os poderosos, o julgamento será severo.
(Sb 6,8)

Se cetros e tronos vos agradam, vós que governais os povos, honrai a sabedoria e vivereis eternamente.
(Sb 6,21)

O domínio de um país está nas mãos de Deus; ele lhe suscitará um governador útil no tempo oportuno.
(Eclo 10,4)

O príncipe não usurpará nada do patrimônio do povo, despojando-o de alguma de suas propriedades; ele constituirá patrimônio a seus filhos unicamente de sua propriedade a fim de que nenhum dentre o povo seja privado de suas posses.
(Ez 46,18)

GRAÇAS

Vossa graça me é mais preciosa do que a vida.
(Sl 62,4)

A Lei foi dada por Moisés, a graça e a verdade vieram por Jesus Cristo.
(Jo 1,17)

Acheguemo-nos, pois, confiadamente ao trono da graça, a fim alcançar misericórdia e achar a graça no momento oportuno.
(Hb 4,16)

GRANDEZA

Não sejamos ávidos da vanglória.
(Gl 5,26)

Não vos deixeis levar pelo gosto das grandezas, mas acomodai-vos às coisas modestas.
(Rm 12,16)

GULA

Não comas demasiadamente num banquete.
(Eclo 31,17)

A insônia, o mal-estar e as cólicas são o tributo do intemperante. Para um homem sóbrio, um sono salutar.
(Eclo 31,23)

O excesso de alimentação é causa de doença; a intemperança leva à cólica.
(Eclo 37,33)

Muitos morreram por causa de sua intemperança; o homem sóbrio, porém, prolonga a sua vida.
(Eclo 37,34)

Se tiveres sido obrigado a comer demais, levanta-te e vomita; isso te aliviará e não te exporás à doença.
(Eclo 31,25)

HIPOCRISIA

Adulação na boca, duplicidade no coração.
(Sl 11,3)

Com os lábios, o hipócrita arruína o seu próximo.
(Pr 11,9)

O homem de coração falso não encontra a felicidade.
(Pr 17,20)

Ai do coração fingido, dos lábios perversos, das mãos malfazejas, do pecador que leva na terra uma vida de duplicidade!
(Eclo 2,14)

Abomino muitas coisas, porém nada quanto o hipócrita; o Senhor também o detesta.
(Eclo 27,27)

A garganta deles é como um sepulcro escancarado, com a língua distribuem elogios falsos.
(Sl 5,10)

Suas línguas são dardos mortíferos, proferindo só mentiras; com a boca saúdam o próximo, enquanto, no coração, lhe armam ciladas.
(Jr 9,7)

Não sejas rebelde ao temor do Senhor, não vás a ele com um coração fingido. Não sejas hipócrita diante dos homens e que teus lábios não sejam motivo de queda... para que Deus não te destrua... por te teres aproximado do Senhor sorrateiramente com o coração cheio de astúcia e engano.
(Eclo 1,36)

Quando jejuardes, não tomeis um ar triste como os hipócritas, que mostram um semblante abatido para manifestar aos homens que jejuam.
(Mt 6,16)

Hipócritas!... Este povo só me honra com os lábios; seu coração, porém, está longe de mim. Vão é o culto que me prestam, porque ensinam preceitos que só vêm dos homens.
(Mt 15,7)

Deixando o mandamento de Deus, vos apegais à tradição dos homens.
(Mc 7,8)

Por que me chamais: Senhor! Senhor! e não fazeis o que vos digo?
(Lc 6,46)

Nem todo aquele que diz: "Senhor, Senhor!" entrará no reino dos céus, mas aquele que faz a vontade de meu Pai que está nos céus.
(Mt 7,21)

Por que vês a palhinha no olho de teu irmão e não reparas na trave que está em teu olho? Hipócrita! Tira primeiro a trave do teu olho e depois enxergarás para tirar a palhinha do olho de teu irmão.
(Lc 6,42)

Tu, que ensinas aos outros, não te ensinas a ti mesmo! Tu, que pregas que não se deve furtar, furtas! Tu, que pregas que não se deve adulterar, adulteras! Tu, que abominas os ídolos, pilhas os seus templos! Tu, que te glorias da Lei, desonras a Deus pela transgressão da Lei!
(Rm 2,21)

Guardai-vos do fermento dos fariseus, que é a hipocrisia. Porque não há nada oculto que não venha a descobrir-se e nada escondido que não venha a ser conhecido.
(Lc 12,1)

Os escribas e os fariseus sentam-se na cadeira de Moisés. Observai e fazei tudo o que eles dizem, mas não façais como eles, porque dizem e não fazem. Atam fardos pesados e esmagadores e com eles sobrecarregam os ombros dos homens, mas não querem movê-lo sequer com o dedo. Fazem todas as suas obras para serem vistos pelos homens... Gostam dos primeiros lugares nos banquetes e das primeiras cadeiras nas sinagogas. Gostam de ser saudados nas praças públicas e de ser chamados rabi pelos homens.
(Mt 23,2)

Ai de vós, escribas e fariseus hipócritas! Vós fechais aos homens o reino dos céus; vos mesmos não entrais e nem deixais que entrem os que querem entrar. Ai de vós, escribas e fariseus hipócritas! Devorais as casas das viúvas fingindo fazer longas orações... Ai de vós, escribas e fariseus hipócritas! Percorreis mares e terras para fazer um prosélito, e, quando o conseguis, fazeis dele um filho do inferno duas vezes pior que vós mesmos. Ai de vós, guias cegos!... Ai de vós, escribas e fariseus hipócritas! Pagais o dízimo da hortelã, do endro e do cominho e desprezais os preceitos mais importantes da lei: a justiça, a misericórdia, a fidelidade... Guias cegos! Filtrais um mosquito e engolis um camelo!... Ai de vós, escribas e fariseus hipócritas! Sois semelhantes aos sepulcros esbranquiçados: por fora parecem formosos, mas por dentro estão cheios de ossos, de cadáveres e de toda espécie de podridão. Assim também vós, pareceis justos aos olhos

dos homens, mas por dentro estais cheios de hipocrisia e iniquidade... Serpentes! Raça de víboras! Como escapareis ao castigo do inferno?
(Mt 23,13)

Ai de vós, fariseus, que pagais o dízimo da hortelã, da arruda e de toda hortaliça, e desprezais a justiça e o amor de Deus... Ai de vós, que sois como os sepulcros que não aparecem, e sobre os quais os homens caminham sem o saber.
(Lc 11,42)

Ai de vós, doutores da lei, que carregais os homens com pesos que não podem levar, mas vós mesmos nem sequer com um dedo vosso tocais os fardos!... Ai de vós, doutores da lei, que tomastes a chave da ciência, e vós mesmos não entrastes e impedistes ao que vinham para entrar!
(Lc 11,46)

HOMEM

Deus criou o homem para a imortalidade e o fez à imagem de sua própria natureza.
(Sb 2,23)

Deus criou o homem reto, mas é ele quem procura os extravios.
(Ecl 7,29)

O destino dos filhos dos homens e o destino dos brutos é o mesmo, um mesmo fim os espera. Tanto morre um como o outro. A ambos foi dado o mesmo sopro. A vantagem do homem sobre o bruto é nula, porque tudo é vaidade.
(Ecl 3,19)

O homem é imagem e glória de Deus.
(1Cor 11,7)

O homem natural não percebe as coisas do Espírito de Deus, pois para ele são loucuras e não as pode entender, porque é o Espírito que as julga. O homem espiritual, ao contrário, julga todas as coisas e não é julgado por ninguém.
(1Cor 2,14)

HONRA

Meu filho, conserva tua alma na doçura e dá-lhe a honra que merece.
(Eclo 10,31)

Quem peca contra si mesmo, quem o justificará? Quem devolverá honra a quem desonrou sua vida?
(Eclo 10,32)

A honra do sábio consiste em passar por cima de uma ofensa.
(Pr 19,11)

HUMILDADE

O senhor vela sobre o simples.
(Sl 114,6)

A humildade precede a glória.
(Pr 15,33; 18,12)

Deus abaixa o altivo e orgulhoso, mas socorre aquele que abaixa os olhos.
(Jó 22,29)

O Senhor eleva os humildes, mas abate os ímpios até a terra.
(Sl 146,6)

Deus dá ao humilde a honra da vitória.
(Sl 149,4)

O prêmio da humildade é o temor de Deus, a riqueza, a honra e a vida.
(Pr 22,4)

O humilde de espírito obtém a glória.
(Pr 29,23)

Só a Deus pertence a onipotência e é pelos humildes que ele é verdadeiramente honrado.
(Eclo 3,21)

Deus apaga a memória dos orgulhosos, ao passo que faz perdurar a dos humildes de coração.
(Eclo 10,21)

Buscai a justiça e a humildade... assim estareis ao abrigo no dia da cólera do Senhor.
(Sf 2,3)

115

Humilha profundamente teu espírito, pois o fogo e o verme são o castigo da carne do ímpio.
(Eclo 7,19)

Quem dissimula suas faltas não há de prosperar; quem as confessa e as detesta, obtém misericórdia.
(Pr 28,13)

Em verdade vos declaro, se não vos transformardes e vos tornardes como criancinhas, não entrareis no reino dos céus. Aquele que se fizer humilde como uma criança, será maior no reino dos céus.
(Mt 18,3)

Se alguém quer ser o primeiro, seja o último de todos e o servo de todos.
(Mc 9,35)

Todo o que quiser tornar-se grande entre vós, seja o vosso servo. E todo o que quiser ser o primeiro, seja o escravo de todos.
(Mc 10,43)

Aquele que se exaltar será humilhado e aquele que se humilhar será exaltado.
(Mt 23,12)

Todo aquele que se exaltar será humilhado, e todo aquele que se humilhar, será exaltado.
(Lc 14,11; 18,14)

Humilhai-vos debaixo da poderosa mão de Deus, para que ele vos exalte no tempo oportuno.
(1Pd 5,6)

IDOLATRIA

Os ídolos dos pagãos não passam de prata e ouro, são obras de mãos humanas.
(Sl 134,15)

Não terás outros deuses diante de mim; não farás para ti imagens de escultura.
(Dt 5,7)

Maldito o que faz imagem de fundição ou escultura!
(Dt 27,15)

Os que se apegam a ídolos vãos abandonam aquele que para eles é a fonte das graças.
(Jn 2,9)

Foi pela idealização dos ídolos que começou a apostasia, e sua invenção foi a perda dos humanos.
(Sb 14,12)

O culto de inomináveis ídolos é o começo, a causa e o fim de todo mal.
(Sb 14,27)

117

Assim como um espantalho em campo de pepinos, esses deuses de madeira dourada ou prateada de nada preservam. Moita de espinhos num jardim... cadáver lançado em lugar tenebroso.
(Br 6,69)

Os deuses dos pagãos são apenas vaidade; são cepos abatidos na floresta, obra trabalhada pelo cinzel do artesão, decorada com prata e ouro.
(Jr 10,3)

Os homens mudaram a glória de Deus incorruptível numa representação de imagem de homem corruptível, de aves, quadrúpedes e serpentes... Trocaram a verdade de Deus pela mentira e adoraram e serviram a criatura em lugar do criador.
(Rm 1,23)

IGNORÂNCIA

O ignorante não será honrado.
(Eclo 10,28)

O insensato é inconstante como a lua.
(Eclo 27,12)

Não fales com o estulto; não convivas com o insensato.
(Eclo 22,14)

Mergulhados em nossas trevas, só sabemos objetar.
(Jó 37,19)

É mais fácil carregar areia, sal ou uma barra de ferro, do que suportar o imprudente, o ignorante e o ímpio.
(Eclo 22,18)

IGUALDADE

É preciso que haja igualdade entre vós. No tempo presente, a vossa abundância supra a indigência dos outros, para que também a sua abundância venha a suprir a vossa indigência. Assim reinará a igualdade.
(2Cor 8,13)

IMORTALIDADE

Deus criou o homem para a imortalidade e o fez à imagem de sua própria natureza.
(Sb 2,23)

Os justos viverão eternamente, sua recompensa está no Senhor.
(Sb 5,15)

A imortalidade faz habitar junto de Deus.
(Sb 6,19)

Amar a sabedoria é obedecer às suas leis, e obedecer às suas leis é garantia de imortalidade.
(Sb 6,18)

IMPIEDADE

A raça dos ímpios é estéril.
(Jó 15,34)

O triunfo dos maus é breve e a alegria dos ímpios só dura um instante.
(Jó 20,5)

Os homens ímpios são entregues à cólera... morrem em plena mocidade.
(Jó 36,13)

Os ímpios são como a palha que o vento leva.
(Sl 1,4)

A malícia do ímpio o leva à morte.
(Sl 33,22)

Os ímpios logo serão ceifados como o feno e, como a erva verde, murcharão.
(Sl 36,2)

Ainda que floresçam os ímpios como a relva e resplandeçam os que praticam a maldade, eles estão destinados à perda eterna.
(Sl 91,8)

Os pecadores serão exterminados; a geração dos ímpios será extirpada.
(Sl 36,38)

Sobre a casa do ímpio pesa a maldição divina.
(Pr 3,33)

O nome do ímpio apodrecerá.
(Pr 10,7)

O ímpio obtém um lucro enganoso.
(Pr 11,18)

Os homens de coração perverso são odiosos ao Senhor.
(Pr 11,20)

Os desígnios do ímpio serão cuidadosamente examinados... o Senhor lhe imporá o castigo pelos seus pecados.
(Sb 1,9)

É pela bondade e pela verdade que se expia a iniquidade.
(Pr 16,6)

O homem cruel e doloso é abominado pelo Senhor.
(Sl 5,7)

Para nada servirá, ainda que numerosa, a raça dos ímpios.
(Sb 4,3)

Deus odeia tanto o ímpio como sua impiedade.
(Sb 14,9)

O próprio Altíssimo abomina os pecadores e exerce vingança sobre os ímpios.
(Eclo 12,7)

Não auxilies o pecador... nada dês ao ímpio.
(Eclo 12,5)

Não há paz para os ímpios, diz meu Deus.
(Is 57,20)

O perverso não sabe o que é vergonha.
(Sf 3,5)

Tudo o que vem da terra voltará à terra. Assim os ímpios passam da maldição à ruína.
(Eclo 41,13)

A esperança do ímpio é como a poeira levada pelo vento, e como leve espuma espalhada pela tempestade.
(Sb 5,14)

Sobre os ímpios Deus fará cair uma chuva de fogo e de enxofre.
(Sl 10,6)

Os ímpios terão o castigo que merecem seus pensamentos... as obras deles são inúteis. Suas mulheres são insensatas e seus filhos malvados; a raça deles é maldita.
(Sb 3,10)

Desgraçados de vós, homens ímpios, que abandonastes a lei do Senhor, o Altíssimo! Se nasceis é na maldição, quando morrerdes tereis a maldição como herança.
(Eclo 41,11)

IMPUREZA

Deus não nos chamou para a impureza, mas para a santidade.
(1Ts 4,7)

O corpo não é para a impureza. Ele é para o Senhor, e o Senhor para o corpo... Não sabeis que vossos corpos são membros de

Cristo? Tomarei, então, os membros de Cristo, e os farei membros de uma prostituta?
(1Cor 6,13)

Fugi da impureza. Qualquer outro pecado que o homem comete, é fora do corpo; mas quem comete impureza peca contra o seu próprio corpo. Ou não sabeis que vosso corpo é templo do Espírito Santo, que habita em vós, o qual vos foi dado por Deus?
(1Cor 6,18)

INIMIZADE

Amai os vossos inimigos. Fazei bem aos que vos odeiam.
(Lc 6,27)

Amai vossos inimigos, fazei bem aos que vos odeiam, orai pelos que vos perseguem e vos maltratam.
(Mt 5,44)

Abençoai os que vos perseguem; abençoai e não os amaldiçoeis.
(Rm 12,14)

Se teu inimigo tiver fome, dá-lhe de comer; se tiver sede, dá-lhe de beber. Procedendo assim, amontoarás carvões em brasa sobre a cabeça dele.
(Rm 12,20)

INJUSTIÇA

Deus livrará os fracos da injustiça e opressão.
(Sl 71,14)

A boca que acusa com injustiça arrasta a alma à morte.
(Sb 1,11)

A injustiça ocupa o lugar do direito e a iniquidade o lugar da justiça.
(Ecl 3,16)

(Diz o ímpio): Que a nossa força seja o critério do direito.
(Sb 2,11)

O insensato ocupa os mais altos cargos, enquanto os homens de valor estão colocados em lugares inferiores.
(Ecl 10,6)

Meu filho, liberta da casa do orgulhoso aquele que sofre injustiça.
(Eclo 4,9)

Não semeies o mal nos sulcos da injustiça e dele não recolherás o sétuplo.
(Eclo 7,3)

Abster-se do mal é coisa agradável ao Senhor; o fugir da injustiça alcança o perdão dos pecados.
(Eclo 35,5)

Ai daquele que para si construiu um palácio por meios desonestos, e seus salões, violando a equidade... ai daquele que faz seu próximo trabalhar sem paga e lhe recusa o salário!
(Jr 22,13)

Quem fizer injustiça, receberá a paga do que fez injustamente, porque em Deus não há distinção de pessoas.
(Cl 3,25)

É coisa agradável a Deus sofrer contrariedades e padecer injustamente, fazendo disso um motivo de consciência para com Deus.
(1Pd 2,19)

INSTRUÇÃO

O homem prudente não perde nenhuma ocasião para instruir-se.
(Eclo 32,22)

Recebei a instrução como grande soma de prata e possuireis nela grande quantidade de ouro.
(Eclo 51,36)

Instruir um insensato é tornar a ajustar um vaso quebrado... falar a quem não ouve é conversar com quem está adormecido.
(Eclo 22,7)

INVEJA

O arrebatamento mata o insensato, a inveja leva o tolo à morte.
(Jó 5,2)

A inveja é a cárie dos ossos.
(Pr 14,30)

O invejoso se precipita sobre a fortuna; não sabe que sobre ele vai cair a indigência.
(Pr 28,22)

A inveja e a ira abreviam os dias e a inquietação acarreta a velhice antes do tempo.
(Eclo 30,26)

IRA

A ira mata o insensato.
(Jó 5,2)

O caminho do ódio conduz à morte.
(Pr 12,28)

O homem violento comete loucura.
(Pr 14,17)

Quem se arrebata rapidamente manifesta sua loucura.
(Pr 14,29)

Quem se enfurece é tolo.
(Pr 20,3)

O homem irascível provoca as rixas.
(Ecl 28,11)

A inveja e a ira abreviam os dias e a inquietação acarreta a velhice antes do tempo.
(Eclo 30,26)

Uma palavra branda aplaca o furor, uma palavra dura excita a cólera.
(Pr 15,1)

O homem iracundo excita questões, mas o paciente apazigua as disputas.
(Pr 15,18)

Um homem sábio sabe dominar sua cólera e sua honra consiste em passar por cima de uma ofensa.
(Pr 19,11)

Não faças amizade com um homem colérico, não andes com o violento.
(Pr 22,24)

Não cedas prontamente ao espírito de irritação; é no coração do insensato que reside a cólera.
(Ecl 7,9)

O fogo queima em proporção da lenha que há na floresta; a ira do homem inflama-se na medida de seu poder e desenvolve-se em proporção de sua riqueza.
(Eclo 28,12)

A cólera não foi criada para o sexo feminino.
(Eclo 10,22)

A ira do homem não cumpre a justiça de Deus.
(Tg 1,20)

Quem odeia seu irmão é um assassino.
(1Jo 3,15)

IRMÃOS

Os irmãos são um socorro no momento da tribulação.
(Eclo 40,24)

Como é agradável para os irmãos unidos viverem juntos!
(Sl 132,1)

Mais vale um vizinho perto que um irmão distante.
(Pr 27,10)

JEJUM

Por acaso o jejum que me agrada consiste em mortificar-se o homem por um dia?... curvar a cabeça?... deitar sobre o saco e a cinza? Sabeis qual é o jejum que eu aprecio?, diz o Senhor: é romper as cadeias injustas, desatar as cordas do jugo, mandar embora, livres, os oprimidos. É repartir o alimento com os esfaimados, dar abrigo aos infelizes, vestir os maltrapilhos.
(Is 58,5)

Quando jejuardes, não tomeis um ar triste, como os hipócritas, que mostram um semblante abatido, para manifestar aos homens que jejuam... Quando jejuares, perfuma a tua cabeça e lava o teu rosto; assim não parecerá aos homens que jejuas, mas somente a teu Pai que está presente ao oculto. E teu Pai, que vê nos lugares ocultos, te recompensará.
(Mt 6,16)

JUÍZES

Os presentes e as dádivas cegam os olhos dos juízes. São em sua boca como um freio que os torna mudos e os impede de castigar.
(Eclo 20,31)

Ai daqueles que por uma dádiva absolvem o culpado e denegam a justiça àquele que tem o direito a seu lado.
(Is 5,23)

Ai daqueles que fazem leis injustas e dos escribas que redigem sentenças opressivas para afastar os pobres dos tribunais e denegar direitos aos fracos... para fazer das viúvas sua presa e despojar os órfãos.
(Is 10,1)

Julgai segundo a verdadeira justiça... não oprimais a viúva, nem o órfão, nem o estrangeiro, nem o pobre.
(Zc 7,9)

Em vossos corações cometeis iniquidades e vossas mãos distribuem injustiças sobre a terra.
(Sl 57,3)

Até quando julgareis iniquamente, favorecendo a causa dos ímpios?
(Sl 81,2)

Um tribunal iníquo que engendra vexames sob a aparência de lei.
(Sl 93,20)

Como o eunuco que anseia por violentar uma donzela, assim é o que, por violência, faz um julgamento iníquo.
(Eclo 20,2)

JUÍZO DE DEUS

Aqueles que dominam serão rigorosamente julgados... os poderosos serão examinados sem piedade... para os poderosos o julgamento será severo.
(Sb 6,5)

Deus não se fia nem mesmo de seus santos e os céus não são puros a seus olhos.
(Jó 15,15)

Deus sonda todos os corações e penetra todos os desígnios do espírito.
(1Cr 28,9)

JULGAMENTO

Não julgueis, e não sereis julgados. Porque do mesmo modo que julgardes, sereis também vós julgados e com a medida com que tiverdes medido, também vós sereis medidos.
(Mt 7,1)

Não julgueis, e não sereis julgados; não condeneis e não sereis condenados; perdoai e sereis perdoados.
(Lc 6,27)

Não julgueis pela aparência, mas conforme a justiça.
(Jo 7,24)

Não sejais crianças no modo de julgar. Na malícia, sim, sede crianças; mas quanto ao julgamento, sede homens.
(1Cor 14,20)

JURAMENTO

Não jureis, de modo algum; nem pelo céu, nem pela terra, nem por Jerusalém, nem pela vossa cabeça... Dizei somente "sim", se é sim, "não", se é não. Tudo o que vai além disso vem do maligno.
(Mt 5,34)

Abstende-vos de jurar. Não jureis pelo céu, nem pela terra, nem empregueis qualquer outra forma de juramento. Que vosso sim seja sim, que vosso não seja não.
(Tg 5,12)

JUSTIÇA

Guarda-te de jamais fazer a outrem o que não quererias que te fosse feito.
(Tb 4,16)

A todo o que fizer um trabalho para ti, paga o seu salário na mesma hora; que a paga de teu operário não fique um instante em teu poder.
(Tb 4,15)

Deus faz justiça aos infelizes.
(Jó 36,6)

O Senhor é justo, ama a justiça; os homens retos contemplarão sua face.
(Sl 10,7)

Os homens dirão: "Há um Deus para julgar a terra".
(Sl 57,12)

O Senhor defende o desvalido e faz justiça aos pobres.
(Sl 139,13)

O Senhor vela por aqueles que o amam, mas exterminará os maus.
(Sl 144,20)

O Senhor faz justiça aos oprimidos.
(Sl 145,7)

A justiça enaltece uma nação.
(Pr 14,34)

Quem pratica a justiça conduz-se para a vida eterna.
(Pr 11,19)

O Senhor ama o que se prende à justiça.
(Pr 15,9)

A prática da justiça e da equidade vale aos olhos de Deus mais que os sacrifícios.
(Pr 21,3)

Para o justo é uma alegria a prática da justiça.
(Pr 21,15)

Combate pela justiça até a morte e Deus combaterá por ti contra teus inimigos.
(Eclo 4,33)

Mais vale o pouco com justiça do que muitos bens com a iniquidade.
(Pr 16,8)

A firmeza se distingue nos atos de justiça.
(Eclo 4,29)

Faze justiça tanto para o pequeno como para o grande.
(Eclo 5,18)

Semeai na justiça e colhereis bondade em proporção.
(Os 10,12)

Jorre a equidade como uma fonte e a justiça como torrente que não seca.
(Am 5,24)

Buscai a justiça e a humildade... assim estareis ao abrigo no dia da cólera do Senhor.
(Sf 2,3)

Não maltrates o escravo que trabalha pontualmente, nem o operário que te é devotado.
(Eclo 7,22)

O ímpio aceita um presente ocultamente para desviar a língua da justiça.
(Pr 17,23)

Conhecer-vos, Senhor, é a perfeita justiça e conhecer vosso poder é a raiz da imortalidade.
(Sb 15,3)

A justiça é imortal.
(Sb 1,15)

Quem semeia justiça receberá uma recompensa certa.
(Pr 11,18)

A balança fraudulenta é abominação ao Senhor, mas o peso justo lhe é agradável.
(Pr 11,1)

A maldade para um rei é coisa abominável, porque pela justiça se firma o trono.
(Pr 16,12)

Diante de Deus não há distinção de pessoas.
(Rm 2,11)

Tudo o que quereis que os homens vos façam, fazei-o vós a eles. Esta é a lei e os profetas.
(Mt 7,12)

Se vossa justiça não for maior que a dos escribas e dos fariseus, não entrareis no reino dos céus.
(Mt 5,20)

Diante de Deus não são tidos por justos os que ouvem a lei, mas os que praticam a lei.
(Rm 2,13)

Bem-aventurados os que têm fome e sede de justiça, porque serão saciados.
(Mt 5,6)

O fruto da justiça semeia-se na paz para aqueles que praticam a paz.
(Tg 3,18)

JUSTO

Eterna será a memória dos justos.
(Sl 111,6)

Os homens retos habitarão a terra e os íntegros nela permanecerão.
(Pr 2,21)

A bênção do Senhor repousa sobre a habitação do justo.
(Pr 3,33)

A alma do justo está na mão de Deus e nenhum tormento o tocará.
(Sb 3,1)

O justo vive por sua fidelidade.
(Hab 2,4)

São inúmeras as tribulações do justo, mas de todas o livra o Senhor.
(Sl 33,20)

Os justos possuirão a terra e a habitarão eternamente.
(Sl 36,29)

Deus ama a justiça e não abandona os seus fiéis.
(Sl 36,28)

Ao justo nenhum mal pode abater.
(Pr 12,21)

Os justos viverão eternamente, sua recompensa está no Senhor, e o Altíssimo cuidará deles... receberão a leal coroa de glória e o diadema da beleza da mão do Senhor.
(Sb 5,15)

Ninguém que viva é justo diante de vós, Senhor.
(Sl 142,2)

(Dizem os ímpios:)... Tiranizemos o justo na sua pobreza... cerquemos o justo porque ele nos incomoda, é contrário às nossas ações... sua existência é uma censura às nossas ideias, basta sua vista para nos importunar.
(Sb 2,10)

O justo terá a alegria de ver o castigo dos ímpios e lavará os pés no sangue deles... há recompensa para o justo.
(Sl 57,11)

Não desprezes o homem justo, ainda que pobre; não enalteças um pecador, ainda que rico.
(Eclo 10,26)

O justo, ao morrer, condena os ímpios que sobrevivem, e a juventude, atingindo tão depressa a perfeição, confunde a longa velhice do pecador.
(Sb 4,16)

O justo... foi arrebatado para que a malícia não lhe corrompesse o sentimento, nem a astúcia lhe pervertesse a alma.
(Sb 4,11)

A vereda dos justos é como a aurora cujo brilho cresce até o dia pleno.
(Pr 4,18)

O justo é como a árvore plantada na margem das águas correntes... tudo o que empreende prospera.
(Sl 1,3)

Não sejas excessivamente justo, nem sábio além da medida... Por que te tornarias estúpido?
(Ecl 7,16)

LEALDADE

A lealdade se extingue entre os homens.
(Sl 11,2)

LEI

A Lei do Senhor é perfeita, reconforta a alma.
(Sl 18,8)

Seus preceitos são imutáveis, irrevogáveis pelos séculos eternos, instituídos com justiça e equidade.
(Sl 110,7)

Todos os vossos mandamentos são justos, Senhor.
(Sl 118,86)

Excelência capital em vossa palavra é a constância. Eternos são os decretos de vossa justiça.
(Sl 118,86)

O que observa o preceito guarda sua vida, quem descuida de seu proceder morrerá.
(Pr 19,16)

Aquele que observa o preceito não provará nenhum mal.
(Ecl 8,5)

Obedecer às leis da sabedoria é garantia de imortalidade.
(Sb 6,18)

Será desonrado aquele que desprezar os preceitos do Senhor.
(Eclo 10,23)

Aquele que busca a lei, por ela será cumulado; aquele, porém, que procede com falsidade, nela achará ocasião de pecado.
(Eclo 32,19)

O homem sensato crê na lei de Deus e a lei lhe é fiel.
(Eclo 33,3)

Não julgueis que vim abolir as leis ou os profetas. Não vim para os abolir, mas para levá-los à perfeição. Pois em verdade vos digo: passará o céu e a terra, antes que desapareça um jota ou um traço da Lei.
(Mt 5,17)

A Lei produz a ira; e onde não existe Lei, não há transgressão.
(Rm 4,15)

O mal não é imputado quando não há Lei.
(Rm 5,13)

Cristo remiu-nos da maldição da Lei, fazendo-se por nós maldição, pois está escrito: "Maldito todo aquele que é suspenso no madeiro" (Dt 21,23).
(Gl 3,13)

Diante de Deus não são tidos por justos os que ouvem a lei, mas serão tidos por justos os que praticam a lei.
(Rm 2,13)

Toda a Lei se encerra num só preceito: "Amarás o teu próximo como a ti mesmo."
(Lv 19,18; Gl 5,14)

A Lei não foi feita para o justo, mas para os transgressores e os rebeldes, para os ímpios e os pecadores, para os irreligiosos... e tudo o que se opõe à sã doutrina.
(1Tm 1,9)

A letra mata, o espírito vivifica.
(2Cor 3,6)

LIBERDADE

Faze tudo o que te aprouver, porém sem pecado e sem orgulho.
(Eclo 32,16)

A vida e a morte, o bem e o mal estão diante do homem; o que ele escolher, isso lhe será dado.
(Eclo 15,18)

Os olhos do Senhor estão sobre os que o temem e ele conhece todo o comportamento dos homens. Ele não deu a ninguém ordem para fazer o mal e a ninguém deu licença para pecar.
(Eclo 15,20)

Tudo me é permitido, mas nem tudo convém. Tudo me é permitido, mas eu não me deixarei dominar por coisa alguma.
(1Cor 6,12)

Tudo me é permitido, mas nem tudo convém. Tudo me é permitido, mas nem tudo edifica.
(1Cor 10,23)

Tudo o que quereis que os homens vos façam, fazei-o vós a eles.
(Mt 7,12)

Comportai-vos como homens livres e não à maneira dos que tomam a liberdade como véu para encobrir a malícia.
(1Pd 2,16)

LÍNGUA

Adulação na boca, duplicidade no coração.
(Sl 11,3)

Tua língua é uma navalha afiada, tecedora de enganos... só gostas de palavras perniciosas, ó língua enganadora!
(Sl 51,4)

Cada palavra de seus lábios é um pecado.
(Sl 58,13)

Que o Senhor extirpe os lábios hipócritas e a língua insolente.
(Sl 11,4)

Senhor, livrai minha alma dos lábios mentirosos e da língua pérfida. Que ganharás, qual será teu proveito, ó língua pérfida?
(Sl 119,2)

Não terá duração na terra o homem de língua má.
(Sl 139,12)

Preserva tua boca da malignidade, longe de teus lábios a falsidade!
(Pr 4,24)

141

É um perverso, um iníquo aquele que caminha com a falsidade na boca.
(Pr 6,12)

O Senhor abomina a língua mentirosa.
(Pr 6,16)

Os lábios do justo destilam benevolência, a boca dos maus, a perversidade.
(Pr 10,32)

O falador fere com golpes de espada, a língua dos sábios, porém, cura.
(Pr 12,18)

A língua mentirosa dura como um abrir e fechar de olhos.
(Pr 12,19)

Os lábios mentirosos são abominação para o Senhor.
(Pr 12,22)

Muito palavrório só produz penúria.
(Pr 14,23)

A língua dos sábios ornamenta a ciência, a boca dos imbecis transborda loucura.
(Pr 15,2)

A língua sã é uma árvore de vida, a língua perversa corta o coração.
(Pr 15,4)

A boca dos tolos apascenta-se de loucuras.
(Pr 15,14)

O detrator separa os amigos.
(Pr 16,28)

O homem de língua tortuosa cai na desgraça.
(Pr 17,20)

Morte e vida estão à mercê da língua.
(Pr 18,21)

A língua detratora anuvia os semblantes.
(Pr 25,23)

Os lábios dos insensatos causam sua ruína.
(Ecl 10,12)

A boca que acusa com injustiça arrasta a alma à morte.
(Sb 1,11)

A língua do imprudente é sua própria ruína.
(Eclo 5,15)

Não passes por delator, não caias com embaraço nas armadilhas de tua língua.
(Eclo 5,16)

O pecador de língua fingida terá por sorte vergonha e ignomínia.
(Eclo 6,1)

143

A língua que presta falso testemunho causa a morte. Sopra sobre uma centelha e ela se abrasará, cospe sobre ela e se apagará; ambos saem da tua boca.
(Eclo 28,13)

A chicotada faz um ferimento, porém a língua má quebra os ossos.
(Eclo 28,21)

Maldito o delator, e o homem que diz branco e preto, pois eles semeiam a discórdia entre muita gente que vive em paz.
(Eclo 28,15)

Muitos morreram pelo fio da espada, mas não tantos quantos os que pereceram por sua própria língua.
(Eclo 28,22)

A morte que a língua dá é morte desgraçada e a morada os mortos lhe é preferível.
(Eclo 28,25)

O taverneiro não escapará ao pecado da língua.
(Eclo 26,28)

Quem modera seus lábios é um homem prudente.
(Pr 10,19)

Quem vigia sua boca guarda sua vida, quem muito abre seus lábios se perde.
(Pr 13,3)

A doçura da linguagem aumenta o saber.
(Pr 16,21)

Quem vigia sua boca e sua língua preserva sua vida da angústia.
(Pr 21,23)

Um grande falador é uma coisa terrível na cidade; o homem de conversas imprudentes torna-se odioso.
(Eclo 9,25)

Não acredites em tudo o que dizem. Homem há que peca pela língua, mas sem o fazer com intenção.
(Eclo 19,16)

Quem é que não peca pela língua?
(Eclo 19,17)

A queda de uma língua mentirosa é como uma queda na laje; assim a ruína dos maus virá de repente.
(Eclo 20,20)

A língua destruiu as cidades fortes dos ricos, e arrasou as casas dos poderosos.
(Eclo 28,17)

A língua de um terceiro fez repudiar mulheres superiores, e privou-as do fruto de seu labor.
(Eclo 28,19)

Derrete teu ouro e tua prata; faze uma balança para pesar tuas palavras e para tua boca, um freio bem ajustado; tem cuidado para não pecar pela língua.
(Eclo 28,29)

Protege teus ouvidos com uma sebe de espinhos, não dês ouvidos à língua maldosa e põe em tua boca uma porta com ferrolho.
(Eclo 28,28)

Feliz aquele que está ao abrigo da língua perversa, que não passou pela cólera dela, que não atraiu sobre si o seu jugo, e que não foi atado pelas suas correntes, pois o jugo dela é um jugo de ferro, suas correntes, correntes de bronze.
(Eclo 28,23)

A harpa e a flauta emitem um som harmonioso; a língua suave, porém, supera uma e outra.
(Eclo 40,21)

Se alguém julga ser piedoso e não refreia sua língua, é vã sua religião.
(Tg 1,26)

A língua é um pequeno membro, mas pode gloriar-se de grandes coisas. Considerai como uma pequena chama pode incendiar uma grande floresta. Também a língua está entre nossos membros e contamina todo o corpo; e, sendo inflamada pelo inferno, incendeia o curso de nossa vida.
(Tg 3,5)

Todas as espécies de feras selvagens, de aves, de répteis e de peixes do mar se domam e têm sido domadas pela espécie humana. A língua, porém, nenhum homem a pode domar. É um mal irrequieto, cheio de veneno mortífero. Com ela bendizemos a Deus, nosso Pai, e com ela amaldiçoamos os homens, feitos à semelhança de Deus! De uma mesma boca procede a bênção e a maldição.
(Tg 3,7)

LUXÚRIA

O homem que abusa de seu próprio corpo não terá sossego enquanto não acender uma fogueira.
(Eclo 23,23)

Para o fornicador todo alimento é doce; não se cansará de pecar até a morte.
(Eclo 23,24)

O homem que profana o seu leito prejudica-se a si mesmo.
(Eclo 23,25)

MALDADE

Deus não deixa o mau viver.
(Jó 36,6)

A malícia do ímpio o leva à morte.
(Sl 33,22)

Os homens sanguinários e ardilosos não alcançarão a metade de seus dias.
(Sl 54,24)

A maldade arruína o pecador.
(Pr 13,6)

A boca dos maus vomita maldade.
(Pr 15,28)

Quem semeia o mal, recolhe o tormento.
(Pr 22,8)

A iniquidade fará de toda a terra um deserto e a malícia derrubará os tronos dos poderosos.
(Sb 5,23)

Uma alma perversa é a perda de quem a possui.
(Eclo 6,4)

A ruína dos maus virá de repente.
(Eclo 20,20)

Os homens maus não prosperarão.
(2Sm 23,6)

A maldade, condenada por seu próprio testemunho, é medrosa, e sob o peso da consciência, supõe sempre o pior.
(Sb 17,10)

Ai dos maquinadores de iniquidade, dos que meditam o mal nos seus leitos.
(Mq 2,1)

Não sejas justo excessivamente... Por que te arruinarias a ti mesmo? Não sejas excessivamente mau... Por que haverias de morrer antes da hora?
(Ecl 7,16)

Não resistais ao mal. Se alguém te ferir a face direita, oferece-lhe também a outra. Se alguém te citar em justiça para tirar-te a túnica, cede-lhe também a capa.
(Mt 5,39)

Não pagueis a ninguém o mal com o mal. Fazei o bem diante de todos os homens.
(Rm 12,17)

Os homens maus e impostores, seduzidos e ao mesmo tempo sedutores, mergulharão sempre mais fundo no mal.
(2Tm 3,13)

Não te deixes vencer pelo mal, mas vence o mal pelo bem.
(Rm 12,20)

MANDAMENTOS

Teu Deus é verdadeiramente... um Deus fiel, que guarda a sua aliança e sua misericórdia até a milésima geração para com aqueles que o amam e observam seus mandamentos, mas castiga diretamente aqueles que o odeiam.
(Dt 7,9)

Aquele que violar um dos mandamentos, por menor que seja, e ensinar assim os homens, será declarado o menor no reino dos céus. Mas aquele que os guardar e ensinar, será declarado grande no reino dos céus.
(Mt 5,19)

Eis o amor de Deus: que guardemos os seus mandamentos. E seus mandamentos não são penosos, porque todo o que foi nascido de Deus vence o mundo.
(1Jo 5,3)

"Amarás o Senhor, teu Deus, de todo o teu coração, de toda a tua alma e de todo o teu espírito" (Dt 6,5). Esse é o maior e primeiro mandamento. E o segundo, semelhante a este, é: "Amarás teu próximo como a ti mesmo". Nesses dois mandamentos se resumem toda a Lei e os Profetas.
(Mt 22,37)

MANSIDÃO

Bem-aventurados os mansos, porque possuirão a terra!
(Mt 5,5)

É com mansidão que se deve corrigir os adversários na esperança de que Deus lhes conceda o arrependimento e o conhecimento da verdade.
(2Tm 2,25)

MATERIALISMO

Louvei a alegria, porque não há nada de melhor para o homem debaixo do sol do que comer, beber e se divertir.
(Ecl 8,15)

O vinho alegra a vida, o dinheiro serve para tudo.
(Ecl 10,19)

Jovem... enquanto és jovem, entrega teu coração à alegria... Afasta a tristeza de teu coração e poupa o sofrimento a teu corpo, porque a juventude e a adolescência é vaidade.
(Ecl 11,9)

Eis o que reconheci ser bom: que é conveniente ao homem comer, beber, gozar de bem-estar em todo trabalho ao qual ele se dedica debaixo do sol.
(Ecl 5,17)

Todos têm um só destino... ora, pois, come com alegria o teu pão e bebe contente o teu vinho... Desfruta a vida com a mulher que amas, durante todos os dias da fugitiva e vã existência que Deus te concede.
(Ecl 9,2)

Se os mortos não ressuscitam, comamos e bebamos, porque amanhã morreremos.
(1Cor 15,32)

MATRIMÔNIO

Regozija-te com a mulher de tua juventude, corça de amor, cerva encantadora. Que sejas embriagado com seus encantos, que seus amores te embriaguem sem cessar! Por que hás de te enamorar de uma alheia e abraçar o seio de uma estranha?
(Pr 5,18)

Deus foi testemunha entre vós e a esposa de vossa juventude... tende, pois, cuidado de vós mesmos, e que ninguém seja infiel à esposa de sua juventude. Quando alguém, por aversão, repudia a mulher, diz o Senhor Deus de Israel, cobre de injustiças as suas vestes. Tende, pois, cuidado de vós mesmos e não sejais pérfidos.
(Ml 2,14)

Todo aquele que rejeitar sua mulher, exceto em caso de mau comportamento, e esposar uma outra, comete adultério. E aquele que esposar uma mulher rejeitada, comete adultério.
(Mt 19,9)

No princípio da criação Deus os fez, homem e mulher; e os dois não serão senão uma só carne... Não separe, pois, o homem o que Deus uniu.
(Mc 10,6)

O marido cumpra o seu dever para com a esposa e da mesma forma também a esposa o cumpra para com o marido. A mulher não pode dispor de seu corpo: ele pertence ao seu marido. E da mesma forma o marido não pode dispor de seu corpo: ele pertence à sua esposa.
(1Cor 7,3)

A mulher não se separe do marido. E, se estiver separada, fique sem se casar, ou se reconcilie com o marido. Igualmente o marido não repudie sua mulher.
(1Cor 7,11)

Penso que seria bom ao homem não tocar em mulher alguma... Mas, se não pode guardar a continência, case-se. É melhor casar do que abrasar-se.
(1Cor 7,1,9)

Considerai o matrimônio com respeito, e conservai o leito conjugal imaculado, porque Deus julgará os impuros e os adúlteros.
(Hb 13,4)

MÉDICO

Honra o médico por causa da necessidade. Toda medicina provém de Deus.
(Eclo 38,1)

A ciência do médico o eleva em honra. Ele é admirado na presença dos poderosos.
(Eclo 38,3)

O Altíssimo deu-lhe a ciência da medicina para ser honrado em sua maravilha.
(Eclo 38,6)

Uma doença prolongada cansa o médico.
(Eclo 10,11)

Aquele que peca na presença daquele que o criou, cairá nas mãos do médico.
(Eclo 38,15)

MEDO

O medo não é outra coisa que a privação dos socorros trazidos pela reflexão.
(Sb 17,11)

A maldade é medrosa e, sob o peso da consciência, supõe sempre o pior.
(Sb 17,10)

O temor envolve castigo, e quem teme não é perfeito no amor.
(1Jo 4,18)

MENTIRA

O Senhor abomina um falso testemunho que profere mentiras.
(Pr 6,19)

Os lábios mentirosos são abominação para o Senhor.
(Pr 12,22)

O falso testemunho não fica sem castigo, o que exala mentira não escapará.
(Pr 19,5; 19,9)

Saboroso é para o homem o pão da mentira, mas depois terá sua boca cheia de cascalhos.
(Pr 20,17)

Não mintas em prejuízo te tua alma.
(Eclo 4,26)

Não inventes mentira contra teu irmão, não inventes nenhuma mentira contra teu amigo.
(Eclo 7,13)

Mais vale um ladrão do que um mentiroso contumaz.
(Eclo 20,27)

A mentira é no homem uma vergonhosa mancha; não sai dos lábios das pessoas mal-educadas.
(Eclo 20,26)

O comportamento dos mentirosos é aviltante: sua vergonha jamais os abandonará.
(Eclo 20,28)

MEXERICO

O mexeriqueiro trai os segredos; não te familiarizes com o falador.
(Pr 20,19)

As palavras do mexeriqueiro são como guloseimas: penetram até o fundo das entranhas.
(Pr 26,22)

MISÉRIA

Deus salvará o pobre pela sua miséria; ele o instrui pelo sofrimento.
(Jó 36,15)

Nunca leves uma vida de mendigo, pois mais vale morrer que mendigar.
(Eclo 40,29)

MISERICÓRDIA

Come teu pão em companhia dos pobres e dos indigentes; cobre com tuas próprias vestes os que estiverem nus.
(Tb 4,17)

Feliz quem se lembra do necessitado e do pobre, porque no dia da desgraça o Senhor o salvará.
(Sl 40,2)

Quem segue a justiça e a misericórdia, achará vida, justiça e glória.
(Pr 21,21)

O Senhor é bom e justo; cheio de misericórdia é nosso Deus.
(Sl 114,5)

É eterna a misericórdia do Senhor para com os que o temem, e sua justiça se estende aos filhos de seus filhos.
(Sl 102,17)

Louvai ao Senhor porque ele é bom; porque eterna é sua misericórdia.
(Sl 105,1)

O Senhor é bom e misericordioso... seu ressentimento não é eterno... sua misericórdia é grande para os que o temem.
(Sl 102,8)

Deus é bom para com todos.
(Sl 144,9)

O fato de serdes Senhor de todos, vos torna indulgente com todos.
(Sb 12,16)

Tendes compaixão de todos porque vós tudo podeis. E para que eles se arrependam, vós fechais os olhos sobre os pecados dos homens.
(Sb 11,23)

Deus é cheio de bondade e misericórdia; ele perdoa os pecados no dia da aflição. Ele é protetor de todos os que verdadeiramente o procuram.
(Eclo 2,13)

A misericórdia de Deus está na medida de sua grandeza.
(Eclo 2,23)

O Altíssimo usa de misericórdia com os que se arrependem.
(Eclo 12,3)

O Senhor não repele para sempre. Após ter afligido, tem piedade, porque grande é sua misericórdia.
(Lm 3,31)

Homens piedosos, bendizei o Senhor, Deus dos deuses; louvai-o, glorificai-o, porque é eterna a sua misericórdia.
(Dn 3,90)

Bem-aventurados os misericordiosos, porque alcançarão misericórdia.
(Mt 5,7)

Sede misericordiosos, como também vosso Pai é misericordioso.
(Lc 6,36)

A religião pura e sem mácula aos olhos de Deus é esta: visitar os órfãos e as viúvas nas suas aflições.
(Tg 1,27)

Haverá juízo sem misericórdia para quem não usou de misericórdia. A misericórdia triunfa sobre o julgamento.
(Tg 2,13)

MOCIDADE

Jovem, rejubila-te na tua adolescência e enquanto ainda és jovem, entrega teu coração à alegria... Afasta a tristeza de teu coração e poupa o sofrimento a teu corpo, porque a juventude e a adolescência são vaidade.
(Ecl 11,9)

Lembra-te de teu criador no dia da juventude, antes que venham os maus dias.
(Ecl 12,1)

Bom é para o homem carregar o seu jugo na mocidade.
(Lm 3,27)

Jovem!... ouve em silêncio e pergunta... não fales muito onde houver anciãos.
(Eclo 32,12)

MORTE

Não temas quando alguém se torna rico, quando aumenta o luxo de sua casa. Quando morrer, nada levará consigo, nem sua fortuna descerá com ele aos infernos.
(Sl 48,17)

Preciosa é aos olhos do Senhor a morte de seus santos.
(Sl 115,15)

Todos caminham para o mesmo lugar; todos saem do pó e voltam para o pó.
(Ecl 3,20)

A morte não é a rainha da terra, porque a justiça é imortal.
(Sb 1,14)

Curta é nossa vida, e cheia de tristezas; para a morte não há remédio algum.
(Sb 2,1)

Em tudo o que fizeres, lembra-te de teu fim, e jamais pecarás.
(Eclo 7,40)

Com a morte do homem, todos os seus atos serão desvendados.
(Eclo 11,29)

Lembra-te da sentença que me foi dada: a tua será igual; ontem para mim, hoje para ti.
(Eclo 38,23)

Ó morte, como tua lembrança é amarga para o homem que vive em paz no meio de suas riquezas, para o homem tranquilo e afortunado em tudo!
(Eclo 41,1)

Ó morte, tua sentença é suave para o indigente, cujas forças se esgotam! Quem está no declínio da vida, carregado de cuidados, quem não tem mais confiança e perde a paciência, não teme a sentença da morte.
(Eclo 41,3)

Lembra-te dos que te precederam:... é a sentença pronunciada pelo Altíssimo. Dez anos, cem anos, mil anos... na morada dos mortos não se tomam em consideração os anos de vida.
(Eclo 41,5)

Quando morremos somos como a água que não mais se pode recolher, uma vez derramada por terra. Deus não faz voltar uma alma.
(2Sm 14,14)

Mais vale o dia da morte que o dia do nascimento.
(Ecl 7,1)

Melhor é visitar a casa onde há luto do que para a casa onde há banquete. Porque ali está o fim de todo homem, e os vivos nele refletem.
(Ecl 7,2)

Tudo o que tua mão encontra para fazer, faze-o com todas as tuas faculdades, porque na região dos mortos, para onde vais, não há mais trabalho, nem ciência, nem inteligência, nem sabedoria.
(Ecl 9,10)

Deus não é o autor da morte; a perdição dos vivos não lhe dá nenhuma alegria.
(Sb 1,13)

É por inveja do demônio que a morte entrou no mundo, e os que pertencem ao demônio a provarão.
(Sb 2,24)

O homem quando está morto tem por herança serpentes, bichos e vermes.
(Eclo 10,13)

Após a morte nada mais há, o louvor terminou. Glorifica a Deus enquanto viveres.
(Eclo 17,27)

Chora menos sobre um morto, porque ele achou o repouso.
(Eclo 22,11)

Mais vale a morte que uma vida na aflição; e o repouso eterno que um definhamento sem fim.
(Eclo 30,17)

Não louves a homem algum antes de sua morte.
(Eclo 11,30)

Mais vale morrer que mendigar.
(Eclo 40,29)

O Senhor abomina as mãos que derramam sangue inocente.
(Pr 6,16)

Afasta-te do homem que tem o poder de matar e assim não saberás o que é temer a morte.
(Eclo 9,18)

O salário do pecado é a morte.
(Rm 6,23)

Ouvistes o que foi dito aos antigos: "Não matarás". Mas quem matar será castigado pelo juízo do tribunal.
(Mt 5,21)

Não tenhais medo daqueles que matam o corpo e depois disto nada podem fazer... Temei aquele que, depois de matar, tem poder de lançar na geena.
(Lc 12,4)

Felizes os mortos que morrem no Senhor... que descansem de seus trabalhos, pois suas obras os seguem.
(Ap 14,13)

MULHER

Uma mulher virtuosa é a coroa de seu marido, mas a insolente é como a cárie de seus ossos.
(Pr 12,4)

Aquele que acha uma mulher acha a felicidade, é um dom recebido do Senhor.
(Pr 18,22)

Uma mulher sensata é um dom do Senhor.
(Pr 19,14)

O valor de uma mulher virtuosa é superior ao das pérolas.
(Pr 31,10)

Não te afastes da mulher virtuosa e sensata que te foi dada no temor de Deus, pois a graça de sua modéstia vale mais que o ouro.
(Eclo 7,21)

Feliz aquele que vive com uma mulher sensata.
(Eclo 25,11)

Feliz o homem que tem uma boa mulher, pois se duplicará o número de seus anos.
(Eclo 26,1)

A mulher forte faz a alegria de seu marido; derramará paz nos anos de sua vida. É um bom quinhão uma mulher bondosa.
(Eclo 26,2)

A graça de uma mulher cuidadosa rejubila seu marido e seu bom comportamento revigora os ossos.
(Eclo 26,16)

É um dom de Deus uma mulher sensata e silenciosa e nada se compara a uma mulher bem-educada.
(Eclo 26,18)

A mulher santa e honesta é uma graça inestimável; não há peso para pesar o valor de uma mulher casta.
(Eclo 26,19)

Assim como o sol, que se levanta nas alturas de Deus, assim é a beleza de uma mulher honrada, ornamento de sua casa.
(Eclo 26,21)

Assim como a lâmpada que brilha no candelabro sagrado, assim é a beleza de seu rosto na idade madura.
(Eclo 26,22)

Como colunas de ouro sobre alicerces de prata, são as pernas formosas sobre calcanhares firmes.
(Eclo 26,23)

Como fundamentos eternos sobre a pedra firme, assim são os preceitos divinos no coração de uma mulher santa.
(Eclo 26,24)

A beleza da mulher alegra o rosto do esposo; ela se torna mais amável do que tudo o que o homem pode desejar.
(Eclo 36,24)

Aquele que possui uma mulher virtuosa tem com que tornar-se rico; é uma ajuda que lhe é semelhante, e uma coluna de apoio.
(Eclo 36,26)

Os filhos e a fundação de uma cidade dão firmeza a um nome, mas é mais estimada que um e outro uma mulher sem mácula.
(Eclo 40,19)

Regozija-te com a mulher de tua juventude, corça de amor, cerva encantadora! Que sejas sempre embriagado com seus encantos, e que seus amores te embriaguem sem cessar. Por que te enamorar de uma alheia e abraçar o seio de uma estranha?
(Pr 5,18)

Uma mulher graciosa obtém honras.
(Pr 11,16)

A graça é falaz, a beleza é vã; a mulher inteligente é que se deve louvar.
(Pr 31,30)

Desfruta da vida com a mulher que amas, durante todos os dias da vã e efêmera existência que Deus te concede.
(Ecl 9,9)

Feliz a mulher estéril, mas pura de toda mancha, que não manchou seu tálamo; ela carregará seu fruto no dia da retribuição das almas.
(Sb 3,13)

Se tiveres uma mulher conforme teu coração, não a repudies e não confies na que é odiosa.
(Eclo 7,28)

Ama de novo a uma mulher que foi amada de teu amigo e que assim adultera, pois é assim que o Senhor ama os filhos de Israel, embora se voltem para outros deuses.
(Os 3,1)

Anel de ouro em focinho de porco, tal é a mulher formosa mas insensata.
(Pr 11,22)

Melhor é viver num canto do telhado do que conviver com uma mulher impertinente.
(Pr 21,9)

Melhor é habitar no deserto do que com uma mulher impertinente e intrigante.
(Pr 21,19)

É melhor morar num canto do terraço do que viver com uma mulher impertinente.
(Pr 25,24)

Goteira que cai continuamente em dia de chuva, tal é a mulher litigiosa; querer retê-la é reter o vento.
(Pr 27,15)

Não entregues tua alma ao domínio de tua mulher, para que não aconteça que ela usurpe tua autoridade.
(Eclo 9,2)

A mulher atrevida cobre de vergonha o pai e o marido.
(Eclo 22,5)

É melhor viver com um leão e um dragão do que morar com uma mulher má.
(Eclo 25,23)

Coração abatido, semblante triste e chaga de coração, eis o que faz uma mulher má.
(Eclo 25,31)

Não dês à mulher maldosa a liberdade de sair em público.
(Eclo 25,34)

Sobre uma mulher má é bom pôr-se o selo.
(Eclo 42,6)

Um homem mau vale mais do que uma mulher que faz bem, mas que se toma causa de vergonha e confusão.
(Eclo 42,14)

Não lances os olhos sobre uma mulher leviana, para que não aconteça que caia em suas ciladas.
(Eclo 9,3)

Não frequentes assiduamente uma dançarina e não lhe dês atenção; não suceda que pereças por causa de seus encantos.
(Eclo 9,4)

Não detenhas o olhar sobre uma donzela, para não acontecer que a sua beleza venha a causar tua ruína.
(Eclo 9,5)

Desvia os olhos da mulher elegante, não fites com insistência uma beleza desconhecida. Muitos pereceram por causa da beleza feminina e por causa dela inflama-se o fogo do desejo.
(Eclo 9,8)

Muitos foram condenados por haverem admirado uma beleza desconhecida.
(Eclo 9,11)

Não contemples a beleza de uma mulher, não cobices uma mulher por sua beleza... grandes são a cólera, a audácia, a desordem de uma mulher.
(Eclo 25,28)

Foi pela mulher que começou o pecado e é por causa dela que todos morremos.
(Eclo 25,33)

Não detenhas o olhar sobre a beleza de ninguém, não permaneças no meio das mulheres, pois assim como a traça sai da roupa, assim a malícia do homem vem da mulher.
(Eclo 42,12)

Não olhes para a mulher de outrem; não tenhas intimidade com tua criada e não te ponhas junto de seu leito.
(Eclo 41,27)

Os lábios da mulher alheia destilam mel, seu paladar é mais oleoso que o azeite; no fim, porém, é amarga como o absinto, aguda como a espada de dois gumes. Seus pés se encaminham para a

morte, seus passos atingem a região dos mortos. Longe de andarem pela vereda da vida, seus passos se extraviam sem saber para onde... Afasta dela teu caminho, não te aproximes da porta de sua casa, com receio de entregar a outros tua fortuna, e tua vida a um homem cruel; com medo de que estranhos se fartem de teus haveres e que o fruto de teu trabalho passe para a casa alheia, com temor de gemer no fim, quando forem consumidos tuas carnes e teu corpo.
(Pr 5,3)

A correção e a disciplina são o caminho da vida, para te preservar da mulher corrupta e da língua lisonjeira da estranha. Não cobices sua formosura em teu coração, não te deixes prender por seus olhares.
(Pr 6,23)

A mulher adúltera arrebata a vida preciosa do homem... o que vai para junto da mulher do próximo não ficará impune depois de a tocar.
(Pr 6,26)

Quem comete adultério carece de senso; é por própria culpa que um homem assim procede. Só encontrará opróbrio e ignomínia e sua infâmia não se apagará.
(Pr 6,32)

A mulher é coisa mais amarga que a morte, porque ela é um laço, seu coração uma rede e suas mãos, cadeias. Aquele que é agradável a Deus lhe escapa, mas o pecador será preso por ela.
(Ecl 7,26)

Toda malícia, não porém, a malícia da mulher... Não há veneno pior que o das serpentes... não há cólera que vença a da mulher.
(Eclo 25,19)

A malícia de uma mulher transtorna-lhe as feições, obscurece-lhe o olhar como o de um urso e dá-lhe uma tez como a de uma estopa.
(Eclo 25,24)

Toda malícia é leve comparada com a malícia da mulher... que a sorte dos pecadores caia sobre elas.
(Eclo 25,26)

Separa-te de seu corpo a fim de que ela não abuse sempre de ti.
(Eclo 25,36)

Uma mulher má é como uma canga de boi desajustada; quem a possui é como aquele que toma um escorpião.
(Eclo 26,10)

Perecerá toda mulher que deixar seu marido e lhe der como herdeiro um filho adulterino... Ela foi desobediente à lei do Altíssimo e pecou contra seu marido, cometendo adultério e concedeu a si filhos de outros homem... Ela deixará memória maldita e sua desonra jamais se apagará.
(Eclo 23,32)

Como uma ladeira arenosa aos pés de um ancião, assim é a mulher tagarela para um marido pacato.
(Eclo 25,27)

A mulher ciumenta é uma dor de coração e um luto.
(Eclo 26,8)

A língua da mulher ciumenta é um chicote que atinge todos os homens.
(Eclo 26,9)

O mau procedimento de uma mulher revela-se na imprudência de seu olhar e no pestanejar das pálpebras.
(Eclo 26,12)

A mulher que se dá à bebida é motivo de grande cólera; sua ofensa e sua infâmia não ficarão ocultas.
(Eclo 26,11)

A mulher não se vestirá de homem, nem o homem de mulher. É abominação.
(Dt 22,5)

Não dês teu vigor às mulheres e teu caminho àquelas que perdem os reis.
(Pr 31,3)

Penso ser bom que o homem se abstenha da mulher, mas pelos perigos da incontinência, cada um tenha sua esposa, e cada mulher tenha seu marido.
(1Cor 7,1)

Todo aquele que lançar um olhar de cobiça para uma mulher, já adulterou com ela em seu coração.
(Mt 5,28)

As mulheres sejam submissas a seus maridos, pois o marido é o chefe da mulher.
(Ef 5,22)

O homem não foi tirado da mulher, mas a mulher do homem. Nem foi o homem criado para a mulher, mas a mulher para o homem. Por isso a mulher deve trazer o sinal da submissão sobre sua cabeça.
(1Cor 11,8)

É glória para a mulher uma cabeleira comprida, porque lhe foi dada como um véu.
(1Cor 11,15)

Como em todas as igrejas dos santos, as mulheres estejam caladas nas assembleias; não lhes é permitido falar, mas devem estar submissas. Porque é inconveniente para uma mulher falar na assembléia.
(1Cor 14,34)

Não permitas que a mulher se arrogue autoridade sobre o homem, mas permaneça em silêncio.
(1Tm 2,12)

Quem ama sua mulher ama-se a si mesmo.
(Ef 5,28)

A mulher é a glória do homem.
(1Cor 11,7)

MÚSICA

Como uma pedra de rubi engastada no ouro, assim é a música no meio de uma refeição regada a vinho.
(Eclo 32,7)

Como um sinete de esmeraldas engastadas em ouro, assim é um grupo de músicos no meio de uma alegre e moderada libação.
(Eclo 32,8)

O vinho e a música alegram o coração.
(Eclo 40,20)

NEGÓCIOS

Dificilmente evitará erros o que negociar.
(Eclo 26,28)

Não empreendas coisas em demasia... se empreenderes muitos negócios, não poderás abrangê-los.
(Eclo 11,10)

Como se enterra um pau entre as junturas da pedra, assim penetra o pecado entre a venda e a compra.
(Eclo 27,2)

OBEDIÊNCIA

Mais vale a obediência que os sacrifícios dos insensatos.
(Ecl 4,17)

A obediência é melhor que o sacrifício... a desobediência é como o pecado da idolatria.
(1Sm 15,22)

Filhos, obedecei em tudo a vossos pais, porque isto agrada ao Senhor.
(Cl 3,20)

Importa obedecer mais a Deus que aos homens.
(At 5,29)

OCIOSIDADE

A ociosidade ensina muita malícia.
(Eclo 33,29)

OLHO

Que coisa há pior que o olho? É por isso que se há de desfazer em lágrimas.
(Eclo 33,29)

O olho é a luz do corpo. Se teu olho é são, todo o teu corpo será iluminado. Se teu olho estiver em mau estado, todo o teu corpo estará nas trevas. Se a luz que está em ti é trevas, quão espessas serão as próprias trevas!
(Mt 6,22)

O olho é a lâmpada do corpo. Se teu olho é são, todo o teu corpo será bem iluminado; se, porém, estiver em mau estado, o teu corpo estará nas trevas. Vê, pois, que a luz que está em ti não sejas trevas.
(Lc 11,34)

OPRESSÃO

A opressão torna um sábio insensato.
(Ecl 7,7)

(Diz o ímpio:) Que a nossa força seja o critério do direito.
(Sb 2,11)

Ninguém prejudique o seu próximo, mas tenha o temor de Deus.
(Lv 25,17)

ORAÇÃO

A oração dos homens retos é agradável ao Senhor.
(Pr 15,8)

A oração do pobre eleva-se de sua boca até os ouvidos de Deus e ele se apressará em lhe fazer justiça.
(Eclo 21,6)

Deus não desprezará a oração do órfão, nem os gemidos da viúva.
(Eclo 35,17)

A oração dos humildes penetra as nuvens.
(Eclo 35,21)

Em todas as coisas ora ao Altíssimo para que ele dirija teus passos na verdade.
(Eclo 37,19)

Boa coisa é a oração acompanhada de jejum.
(Tb 12,8)

A minha casa se chamará casa de oração para todos os povos.
(Is 56,7)

Quando orardes, não façais como os hipócritas, que gostam de orar de pé nas sinagogas, nas esquinas das ruas, para serem vistos pelos homens... Quando orares, entra em teu quarto, fecha a porta e ora a teu Pai, em segredo. E teu Pai, que vê nos lugares ocultos, te recompensará.
(Mt 6,5)

Nas vossas orações, não multipliqueis as palavras, como fazem os pagãos, que julgam que serão ouvidos à força de palavras. Não os imiteis, porque vosso Pai sabe o que vos é necessário antes que vós lho peçais.
(Mt 6,7)

Eis como deveis rezar: "Pai nosso que estais no céu, santificado seja o vosso nome; venha a nós o vosso reino; seja feita a vossa vontade, assim na terra como no céu. O pão nosso de cada dia nos dai hoje; perdoai-nos as nossas ofensas, assim como nós perdoamos aos que nos ofenderam; e não nos deixeis cair em tentação, mas livrai-nos do mal".
(Mt 6,9)

Se perdoardes aos homens as suas ofensas, vosso Pai celeste também vos perdoará. Mas, se não perdoardes aos homens, tampouco vosso Pai vos perdoará.
(Mt 6,14)

Quando orardes, dizei: Pai, santificado seja o vosso nome! Venha o vosso reino. Dai-nos hoje o nosso pão necessário ao nosso sustento. Perdoai os nossos pecados, pois também nós perdoamos àqueles que nos ofenderam; e não nos deixeis cair em tentação.
(Lc 11,2)

Orai, para não cairdes em tentação.
(Lc 22,40)

Pedi e vos será dado; buscai e achareis; batei e vos será aberto. Pois todo aquele que pede, recebe; aquele que procura, acha; e ao que bate se lhe abrirá.
(Lc 11,9)

Tudo o que pedirdes com fé na oração, vós o alcançareis.
(Mt 21,22)

Vigiai e orai, para não cairdes em tentação. O espírito está pronto, mas a carne é fraca.
(Mt 26,41)

Tudo o que pedirdes na oração, crede que o tendes recebido e ser-vos-á dado.
(Mc 11,24)

A oração do justo tem grande eficácia.
(Tg 5,15)

A oração da fé salvará o enfermo e o Senhor o restabelecerá. Se ele cometeu pecados, ser-lhe-ão perdoados.
(Tg 5,15)

Em verdade vos digo, o que pedirdes a meu Pai em meu nome, ele vo-lo dará.
(Jo 16,23)

ÓRFÃOS

Sê misericordioso para com os órfãos como um pai... e serás um filho obediente do Altíssimo, que, mais do que uma mãe, terá compaixão de ti.
(Eclo 4,10)

A religião pura e sem mácula aos olhos de Deus é esta: visitar os órfãos e as viúvas em suas aflições e conservar-se puro da corrupção deste mundo.
(Tg 1,27)

ORGULHO

Nunca permitas que o orgulho domine o teu espírito ou tuas palavras, porque ele é a origem de todo mal.
(Tb 4,14)

Deus abaixa o altivo e o orgulhoso, mas socorre aquele que abaixa os olhos.
(Jó 22,29)

Com o orgulho virá a ignomínia.
(Pr 11,2)

O orgulho causa disputas.
(Pr 13,10)

O Senhor destrói a casa dos soberbos.
(Pr 15,25)

O orgulho é abominável a Deus e aos homens.
(Eclo 10,7)

O início do orgulho num homem é renegar a Deus, pois seu coração se afasta daquele que o criou.
(Eclo 10,14)

O princípio de todo pecado é o orgulho.
(Eclo 10,15)

O orgulho não foi criado para os homens.
(Eclo 10,22)

O Senhor derruba os tronos dos chefes orgulhosos.
(Eclo 10,17)

O homem arrogante não tem repouso.
(Hab 2,5)

A soberba dos mortais será abatida e o orgulho dos homens será humilhado.
(Is 2,11)

Deus apaga a memória dos orgulhosos ao passo que faz perdurar a dos humildes de coração.
(Eclo 10,21)

Todo coração altivo é abominação ao Senhor.
(Pr 16,5)

A soberba precede a ruína, e o orgulho a queda.
(Pr 16,18)

Não há cura para os soberbos, pois, sem que o saibam, o caule do pecado se enraíza neles.
(Eclo 3,30)

Os maus se adornam com um colar de orgulho e se cobrem com um manto de arrogância.
(Sl 72,6)

Quem se exalta será humilhado e quem se humilha será exaltado.
(Mt 23,12)

Todo aquele que se exalta será humilhado e o que se humilha será exaltado.
(Lc 14,11; 18,14)

PACIÊNCIA

O paciente é rico de inteligência.
(Pr 14,29)

Mais vale a paciência do que o heroísmo; mais vale quem domina seu coração do que quem conquista uma cidade.
(Pr 16,33)

Um coração tranquilo é a vida do corpo.
(Pr 14,30)

Quem é calmo de espírito é um homem inteligente.
(Pr 17,27)

Pela paciência o juiz se deixa aplacar; a língua doce pode quebrantar ossos.
(Pr 25,15)

Um espírito paciente vale mais que um espírito orgulhoso.
(Ecl 7,8)

A calma previne grandes erros.
(Ecl 10,4)

Meu filho, aceita tudo o que acontecer; na dor permanece firme, na humilhação tem paciência, pois é pelo fogo que se experimenta o ouro e a prata, e os homens agradáveis a Deus, pelo cadinho do aviltamento.
(Eclo 2,4)

PAIS

Ouve a instrução de teu pai e não desprezes o ensinamento de tua mãe.
(Pr 1,8; 6,20)

Quem honra sua mãe é semelhante àquele que junta um tesouro.
(Eclo 3,5)

Quem honra seu pai achará alegria em seus filhos; será ouvido no dia da oração.
(Eclo 3,6)

Quem honra seu pai gozará de vida longa; quem lhe obedece dará consolo à sua mãe.
(Eclo 3,7)

Meu filho, ajuda a velhice de teu pai; não o desgostes durante a sua vida. Se seu espírito desfalecer, não o desprezes, pois tua caridade para com teu pai não será esquecida.
(Eclo 3,14)

Por teres suportado os defeitos de tua mãe, te será dada uma recompensa; tua casa se tornará próspera na justiça. Tu serás lembrado de ti no dia da aflição, e teus pecados se dissolverão como o gelo ao sol forte.
(Eclo 3,16)

Quem gera um tolo terá desventura; nem alegria terá o pai de um imbecil.
(Pr 17,21)

O pai do justo exultará de alegria; aquele que gerou um sábio se alegrará nele.
(Pr 23,24)

Deus quis honrar os pais pelos filhos.
(Eclo 3,3)

Não te glories do que desonra teu pai, pois a desonra dele não poderia ser glória para ti, pois um homem adquire glória com a honra de seu pai e um pai sem honra é a vergonha do filho.
(Eclo 3,12)

A bênção paterna fortalece a casa dos filhos; a maldição de uma mãe arrasa-a até os alicerces.
(Eclo 3,11)

Quem poupa a vara odeia o filho; quem o ama castiga-o na hora precisa.
(Pr 13,24)

Corrige teu filho enquanto há esperança, mas não te enfureças até fazê-lo perecer.
(Pr 19,18)

Aquele que estraga seus filhos com mimos, terá que lhes pensar as feridas.
(Eclo 30,7)

Adula teu filho e ele te causará medo; brinca com ele e te causará desgosto.
(Eclo 30,9)

Aquele que ama seu filho, castiga-o com frequência.
(Eclo 30,l)

Tens filhos? Educa-os e curva-os à obediência desde a infância.
Tens filhas? Vela pela integridade de seus corpos, não lhes mostres um rosto por demais jovial.
(Eclo 7,25)

Casa tua filha e terás feito um grande negócio; dá-a a um homem sensato.
(Eclo 7,27)

Não dês aos filhos todas as liberdades na juventude, não feches os olhos às suas extravagâncias.
(Eclo 30,11)

Educa teu filho, esforça-te por instruí-lo, para que não te desonre com sua vida vergonhosa.
(Eclo 30,13)

Obriga teu filho a curvar a cabeça enquanto jovem, castiga-o com varas enquanto ainda é menino, para que não suceda endurecer-se e não queira mais acreditar em ti e venha a ser um sofrimento para tua alma.
(Eclo 30,12)

Pais, não provoqueis vossos filhos à ira, mas educai-os na disciplina e correção.
(Ef 6,4)

A ninguém chameis de Pai sobre a Terra, porque um só é vosso pai, aquele que está nos céus.
(Mt 23,9)

PALAVRA DE DEUS

Aquele que ouve as minhas palavras e as põe em prática é semelhante a um homem prudente, que edificou sua casa sobre a rocha. Mas aquele que ouve as minhas palavras e não as põe em prática, é semelhante a um homem insensato, que construiu sua casa sobre a areia.
(Mt 7,24)

Todo aquele que vem a mim, ouve as minhas palavras e as pratica.
(Lc 6,47)

Minha mãe e meus irmãos são os que ouvem a palavra de Deus e a observam.
(Lc 8,21)

Bem-aventurados aqueles que ouvem a palavra de Deus e a observam.
(Lc 11,28)

Sede cumpridores da palavra e não apenas ouvintes.
(Tg 1,22)

Passará o céu e a terra, mas as minhas palavras não passarão.
(Mt 24,35; Lc 21,33)

A palavra de Deus é viva, eficaz, mais penetrante que uma espada de dois gumes... e discerne os sentimentos e pensamentos do coração.
(Hb 4,12)

Se permanecerdes na minha palavra, sereis meus verdadeiros discípulos. Conhecereis a verdade e a verdade vos livrará.
(Jo 8,31)

Por causa da vossa tradição anulais a palavra de Deus. Hipócritas!
(Mt 15,6)

PALAVRAS

A torrente de palavras faz nascer resoluções insensatas.
(Ecl 5,2)

A torrente de palavras gera despropósitos.
(Ecl 5,6)

As palavras dos sábios são semelhantes a aguilhões.
(Ecl 12,11)

Até mesmo uma palavra secreta não ficará sem castigo.
(Sb 1,11)

Não sejas precipitado em palavras.
(Eclo 4,34)

Aquele que se expande em palavras prejudica-se a si mesmo.
(Eclo 20,8)

Os lábios dos imprudentes só proferem tolices.
(Eclo 21,28)

Uma palavra inoportuna é música em dia de luto.
(Eclo 22,6)

Uma palavra má transtorna o coração.
(Eclo 37,21)

Aquele que afeta sabedoria nas palavras é odioso.
(Eclo 37,23)

Não fales com o estulto, não converses com o insensato.
(Eclo 22,14)

O homem de bom-senso guarda suas palavras.
(Eclo 1,30)

As palavras de um sábio alcançam-lhe o favor, mas os lábios dos insensatos causam sua perda... o começo de sua palavra é uma estultícia, e o fim de seu discurso é uma perigosa insânia.
(Ecl 10,12)

Não retenhas uma palavra que possa ser edificante, não escondas tua sabedoria com tua vaidade.
(Eclo 4,28)

Como uma flecha cravada na gordura da coxa, assim é uma palavra no coração do insensato.
(Eclo 19,12)

Uma palavra doce vale mais do que um presente.
(Eclo 18,16)

Uma boa palavra multiplica os amigos e apazigua os inimigos; a linguagem elegante do homem virtuoso é uma riqueza.
(Eclo 6,5)

A palavra manifesta o que vai no coração do homem.
(Eclo 27,7)

O homem acostumado a dizer palavras injuriosas jamais se corrigirá disso.
(Eclo 23,20)

A boca fala daquilo de que o coração está cheio.
(Mt 12,34; Lc 6,45)

Evita as palavras ocas e vãs, pois só contribuem para a impiedade. As palavras lavram como a gangrena.
(2Tm 2,16)

Se alguém não cair em palavra, este é um homem perfeito, capaz de refrear todo o seu corpo.
(Tg 3,2)

PASTOR

Ai do mau pastor que abandona o seu rebanho!
(Zc 11,17)

Ai dos pastores que deixam perder-se e dispersar-se o pequeno rebanho de minha pastagem!
(Jr 23,1)

Ai dos pastores que não cuidam senão de seu próprio pasto. Não é do rebanho que devem cuidar os pastores? Vós bebeis o leite, vesti-vos de lã, matais as reses mais gordas, tudo isto sem nutrir o rebanho. Vós não fortaleceis as ovelhas fracas, não tratais da doente, não curais a que está ferida, não reconduzis a transviada, não procurais a que está perdida... a todas tratais com dureza e violência.
(Ez 34,1)

O bom pastor expõe sua vida pelas ovelhas. O mercenário, porém, a quem não pertencem as ovelhas, quando vê o lobo, abandona as ovelhas e foge. O mercenário foge porque é mercenário e não se importa com as ovelhas.
(Jo 10,11)

PAZ

Mais vale um pequeno pão com paz do que uma casa cheia de carne, com discórdia.
(Pr 17,1)

A paz foi roubada da minha alma; nem sei mais o que seja felicidade.
(Lm 3,17)

Bem-aventurados os pacíficos, porque serão chamados filhos de Deus.
(Mt 5,9)

Vivei em paz uns com os outros.
(Mc 9,50)

Vivei em harmonia uns com os outros.
(Rm 12,16)

Se estás para fazer a tua oferta diante do altar e te lembrares de que teu irmão tem alguma coisa contra ti, deixa lá tua oferta diante do altar e vai primeiro reconciliar-te com teu irmão; só então vem fazer a tua oferta.
(Mt 5,23)

Glória a Deus no mais alto dos céus e paz na terra aos homens a quem Deus quer bem.
(Lc 2,14)

Julgais que vim trazer paz à terra? Não, digo-vos, mas separação.
(Lc 12,51)

PECADO

O pecado é a vergonha dos povos.
(Pr 14,34)

Não há homem justo sobre a terra que faça o bem, sem jamais pecar.
(Ecl 7,20)

Todo pecado é espada de dois gumes: a chaga que ele produz é incurável.
(Eclo 21,4)

Cada um morrerá em razão de seu próprio pecado.
(Jr 31,30)

Não há homem algum sem pecado.
(2Cr 6,36)

Evita as desavenças e diminuirás os pecados.
(Eclo 28,10)

Há quem se abstenha de pecar por falta de meios.
(Eclo 20,23)

O homem será preso por suas próprias faltas e ligado com as cadeias do seu pecado.
(Pr 5,22)

Não te envergonhes de confessar teus pecados, não te tornes escravo de nenhum homem que te leve a pecar.
(Eclo 4,31)

Foge do pecado como se foge de uma serpente... seus dentes são dentes de leão, que matam as almas dos homens.
(Eclo 21,2)

O leão está sempre à espreita de uma presa; assim o pecado para aqueles que praticam a iniquidade.
(Eclo 27,11)

Não, não é a mão do Senhor que é incapaz de salvar; são vossos pecados que colocaram uma barreira entre vós e vosso Deus!
(Is 59,1)

De que pode o homem em vida queixar-se? Que cada um se queixe de seus pecados.
(Lm 3,39)

Seis coisas há que o Senhor abomina e uma sétima que é horror para sua alma: olhos altivos, língua mentirosa, mãos que derramam sangue inocente, um coração que maquina projetos perversos, um falso testemunho que profere mentiras, pés pressurosos em correr ao mal, e aquele que semeia discórdia entre irmãos.
(Pr 6,16)

Todo pecado, toda blasfêmia será perdoada aos homens; mas a blasfêmia contra o Espírito não lhes será perdoada. Todo o que tiver falado contra o Filho do Homem, será perdoado. Se, porém, falar contra o Espírito Santo, não alcançará perdão nem neste mundo, nem no que há de vir.
(Mt 12,31)

O salário do pecado é a morte.
(Rm 6,23)

Tudo aquilo que não procede da convicção é pecado.
(Rm 14,23)

Aquele que souber fazer o bem e não o faz, peca.
(Tg 4,17)

Arrependei-vos e convertei-vos, para que sejam perdoados vossos pecados.
(At 3,19)

Se teu olho direito é para ti causa de pecado, arranca-o e lança-o para longe de ti, porque é preferível perder-se um só de teus membros a que teu corpo inteiro seja atirado à geena.
(Mt 5,29)

Se alguém souber que seu irmão cometeu um pecado que não o conduza à morte, reze, e Deus lhe dará a vida; isto para aqueles que não pecam para a morte. Há pecado que é para a morte; não digo que se reze por este. Toda iniquidade é pecado e há pecado que não é de morte.
(1Jo 5,16)

PECADOR

Não invejes a glória nem as riquezas do pecador, pois não sabes qual será a sua ruína.
(Eclo 9,16)

O coração perverso ficará acabrunhado de tristeza e o pecador ajuntará pecado sobre pecado.
(Eclo 3,29)

A propósito de um pecado perdoado, não estejas sem temor, e não acrescentes pecado sobre pecado.
(Eclo 5,5)

O caminho dos pecadores conduz ao cheol, às trevas e aos suplícios.
(Eclo 21,11)

A conversação dos pecadores é odiosa; eles se alegram nas delícias do pecado.
(Eclo 27,14)

O pecador põe a inquietação entre seus amigos, e semeia a inimizade no meio das pessoas que vivem em paz.
(Eclo 28,11)

Os filhos dos pecadores tornam-se objeto de abominação... a herança dos filhos dos pecadores perecerá, o opróbrio prende-se à sua posteridade.
(Eclo 41,8)

Os rebeldes e os pecadores serão destruídos juntamente e aqueles que abandonam o Senhor perecerão.
(Is 1,28)

A reunião dos pecadores é como um amontoado de estopas; seu fim será a fogueira.
(Eclo 21,10)

O Senhor é paciente e grande em poder; não deixa impune o pecador.
(Na 1,3)

Não enalteças um pecador, ainda que rico.
(Eclo 10,26)

Aquele que peca é do demônio, porque o demônio peca desde o início.
(1Jo 3,8)

Jesus Cristo veio a este mundo para salvar os pecadores.
(1Tm 1,15)

Aquele que fizer um pecador retroceder do seu erro, salvará sua alma da morte e fará desaparecer uma multidão de pecados.
(Tg 5,19)

Haverá maior jubilo no céu por um pecador que fizer penitência do que por noventa e nove justos que não necessitam arrependimento.
(Lc 15,7)

PENITÊNCIA

Fazei penitência, pois o reino do céu está próximo.
(Mt 4,17)

Arrependei-vos e cada um seja batizado em nome de Jesus Cristo para remissão dos vossos pecados, e recebereis o dom do Espírito Santo.
(At 2,38)

Haverá maior júbilo no céu por um pecador que fizer penitência, do que por noventa e nove justos que não necessitam de arrependimento.
(Lc 15,7)

PERDÃO

Perdoa ao teu próximo o mal que te fez, e teus pecados serão perdoados quando o pedires.
(Eclo 28,2)

195

Um homem guarda rancor contra outro homem e pede a Deus que o cure! Não tem misericórdia com o semelhante e roga o perdão de seus pecados! Ele que é apenas carne, guarda rancor, e pede a Deus que lhe seja propício!
(Eclo 28,3)

Lembra-te de teu fim e põe termo às tuas inimizades.
(Eclo 28,6)

A honra do sábio consiste em passar por cima de uma ofensa.
(Pr 19,11)

Amai os vossos inimigos, fazei bem aos que vos odeiam, abençoai os que vos maldizem e orai pelos que vos injuriam. Ao que te ferir numa face, oferece também a outra. E ao que tirar a capa, não impeças de levar também a túnica. Ao que tomar o que é teu, não lho reclames.
(Lc 6,27)

Ao que pouco se perdoa, pouco se ama.
(Lc 7,47)

Perdoai uns aos outros, como também Deus, em Cristo, vos perdoou.
(Ef 4,32)

Todo aquele que tiver falado contra o Filho do Homem obterá perdão. Mas aquele que tiver blasfemado contra o Espírito Santo não alcançará perdão.
(Lc 12,10)

Se perdoardes aos homens as suas ofensas, vosso Pai celeste também vos perdoará. Mas, se não perdoardes aos homens, tampouco vosso Pai vos perdoará.
(Mt 6,14)

Suportai-vos uns aos outros e perdoai-vos mutuamente... Como o Senhor vos perdoou, perdoai também vós.
(Cl 3,13)

Não pagueis o mal com o mal, injúria com injúria. Ao contrário, abençoai, pois para isto fostes chamados.
(1Pd 3,9)

PERFEIÇÃO

Sede perfeitos assim como vosso Pai celeste é perfeito.
(Mt 5,48)

Se queres ser perfeito, vai, vende todos os teus bens, dá-os aos pobres, e terás um tesouro no céu. Depois, vem e segue-me.
(Mt 19,21)

PERSEGUIÇÃO

Bem-aventurados os que são perseguidos por causa da justiça, porque deles é o reino dos céus.
(Mt 5,10)

Sereis odiados por causa de meu nome.
(Mc 13,13)

Todos os que quiserem viver piedosamente em Cristo serão perseguidos.
(2Tm 3,12)

Eu vos envio como ovelhas no meio dos lobos. Sede, pois, prudentes como as serpentes, mas simples como as pombas. Cuidai-vos dos homens. Eles vos levarão aos seus tribunais e vos açoitarão com varas nas suas sinagogas. Por minha causa sereis levados diante dos governadores e dos reis. Servireis assim de testemunho para eles e para os pagãos.
(Mt 10,16)

Sereis odiados de todos por causa de meu nome, mas aquele que perseverar até o fim, será salvo. Se alguém vos perseguir numa cidade, fugi para outra.
(Mt 10,22)

Sereis entregues aos tormentos, matar-vos-ão e sereis por minha causa objeto de ódio para todas as nações. Muitos sucumbirão, trair-se-ão mutuamente e mutuamente se odiarão... Mas aquele que perseverar até o fim será salvo.
(Mt 24,9)

Bem-aventurados sereis vós quando vos caluniarem, quando vos perseguirem e disserem falsamente todo mal contra vós por causa de mim. Alegrai-vos e exultai, porque será grande a vossa recompensa nos céus, pois assim perseguiram os profetas que vieram antes de vós.
(Mt 5,11)

Abençoai os que vos perseguem; abençoai-os e não os amaldiçoeis.
(Rm 12,14)

PERSEVERANÇA

Se um justo abandonar a sua justiça e praticar o mal... viverá ele? Não. Não será tido em conta nenhum dos atos bons que haja praticado... É em razão de sua infidelidade que se tornou culpado e é por causa dos pecados cometidos que deverá morrer.
(Ez 18,24)

Quando um justo renuncia à sua justiça para cometer o mal e ele morrer, então é devido ao mal praticado que perece.
(Ez 18,26)

No dia em que o justo vier a pecar, sua justiça não o salvará.
(Ez 33,12)

O justo, desde que haja cometido delito, não poderá viver devido à sua justiça... se ele pratica o mal confiando na sua justiça, nem uma das suas boas obras será computada. Ele morrerá por causa de suas faltas.
(Ez 33,12)

Se um justo abandona sua retidão para cometer o mal, morrerá.
(Ez 33,18)

É pela vossa constância que alcançareis a vossa salvação.
(Lc 21,19)

Aquele que põe a mão no arado e olha para trás, não é apto para o reino de Deus.
(Lc 9,62)

Aquele que perseverar até o fim será salvo.
(Mat 24,13; Mc 13,13)

POBREZA

Deus salvará o pobre pela sua miséria e o instrui pelo sofrimento.
(Jó 36,15)

O pobre não ficará em eterno esquecimento.
(Sl 9,19)

Deus salvará o pobre que o invoca e o miserável que não tem amparo.
(Sl 71,12)

O Senhor dá pão aos que têm fome... protege os peregrinos... ampara o órfão e a viúva.
(Sl 145,7)

Estende a mão ao pobre... dá de boa vontade a todos os vivos.
(Eclo 7,36)

Não despojes o pobre, não oprimas o fraco.
(Pr 22,22)

Mais vale um pobre que caminha na integridade do que um rico em caminhos tortuosos.
(Pr 28,6)

O opressor do pobre ultraja seu Criador, mas honra-o quem se compadece do indigente.
(Pr 14,31)

Aquele que zomba do pobre insulta seu Criador; quem se ri de um infeliz não ficará impune.
(Pr 17,5)

O pão dos indigentes é a vida dos pobres; aquele que lho tira é um homicida.
(Eclo 34,25)

Bem-aventurados os que têm um coração de pobre, porque deles é o Reino dos Céus.
(Mt 5,3)

Bem-aventurados vós que sois pobres, porque vosso é o reino de Deus.
(Lc 6,20)

Bem-aventurados vós que agora tendes fome, porque sereis saciados.
(Lc 6,21)

As raposas têm suas tocas e as aves do céu, seus ninhos, mas o Filho do Homem não tem onde repousar a cabeça.
(Mt 8,20)

Cristo, sendo rico, se fez pobre por vós, a fim de vos enriquecer pela pobreza.
(2Cor 8,9)

PODER

Abaterei os poderes dos ímpios, enquanto os justos serão exaltados.
(Sl 74,11)

A duração de todo poder é breve.
(Eclo 10,11)

Leão rugidor, urso esfaimado: tal é o ímpio que domina sobre um povo pobre.
(Pr 28,15)

Deus derruba os tronos dos chefes orgulhosos e em lugar deles faz sentar homens pacíficos.
(Eclo 10,17)

PRAZER

Ai daqueles que põem sua honra em beber vinho e sua coragem em misturar bebidas.
(Is 5,22)

Ai daqueles que desde a manhã procuram a bebida e que retardam a noite nas emanações do vinho... amantes da cítara e da harpa, do vinho e dos banquetes.
(Is 5,11)

PREGUIÇA

O caminho dos preguiçosos é como uma sebe de espinhos.
(Pr 15,19)

Os desejos do preguiçoso o matam, porque suas mãos recusam o trabalho.
(Pr 21,25)

Vai, ó preguiçoso, ter com a formiga: observa seu proceder e torna-te sábio.
(Pr 6,6)

Ao preguiçoso se atira esterco; dele só se fala com desprezo. O preguiçoso é apedrejado com excremento, quem o tocar sacudirá a mão.
(Eclo 22,1)

PRÊMIO

Sobrevirá glória e paz a todo aquele que faz o bem.
(Rm 2,10)

Todo aquele que por minha causa deixar irmãos, irmãs, pai, mãe, filhos, terras ou casas, receberá o cêntuplo e possuirá a vida eterna.
(Mt 19,29)

PREOCUPAÇÃO

Não vos preocupeis por vossa vida, pelo que comereis, nem pelo vosso corpo, como vos vestireis. A vida não é mais do que o alimento e o corpo não é mais que as vestes? Olhai as aves do céu: não semeiam nem ceifam, nem recolhem nos celeiros, e vosso Pai celeste as alimenta. Não valeis muito mais que elas? Considerai como crescem os lírios do campo: não trabalham nem

fiam. Entretanto, eu vos digo, nem o próprio Salomão no auge de sua glória se vestiu como um deles. Se Deus veste assim a erva dos campos que hoje cresce e amanhã será lançada ao fogo, quanto mais a vós, homens de pouca fé? Não vos aflijais nem digais: "Que comeremos? Que beberemos? Com que nos vestiremos?" São os pagãos que se preocupam com tudo isso. Ora, vosso Pai celeste sabe que necessitais de tudo isto. Buscai em primeiro lugar o reino de Deus e a sua justiça e todas estas coisas vos serão dadas em acréscimo. Não vos preocupeis, pois, com o dia de amanhã; o dia de amanhã terá as suas preocupações. A cada dia basta o seu cuidado.
(Mt 6,25; Lc 12,22)

PRESENTE

Os presentes corrompem o coração.
(Ecl 7,7)

Os presentes e as dádivas cegam os olhos dos juízes.
(Eclo 20,31)

O presente cega os que têm vista e perverte as palavras dos justos.
(Êx 23,8)

PROFETA

Guardai-vos dos falsos profetas. Eles vêm a vós com vestes de ovelhas, mas por dentro são lobos arrebatadores. Pelos seus frutos os conhecereis... Toda árvore boa dá bons frutos; toda árvore má dá maus frutos.
(Mt 7,15)

Levantar-se-ão muitos falsos profetas e seduzirão a muitos.
(Mt 24,11)

Demos maior crédito à palavra dos profetas, à qual fazeis bem em atender, como a uma lâmpada que brilha em um lugar tenebroso, até que desponte o dia e a estrela da manhã se levante em vossos corações.
(2Pd 1,19)

Sabei que nenhuma profecia da Escritura é de interpretação particular, porque jamais uma profecia foi proferida pela produção de uma vontade humana. Homens inspirados pelo Espírito Santo falaram da parte de Deus.
(2Pd 1,20)

PROSTITUIÇÃO

A meretriz é uma fossa profunda.
(Pr 23,27)

Como um salteador ela fica de emboscada e entre os homens multiplica os infiéis.
(Pr 23,28)

Quem frequenta as prostitutas dissipa a sua fortuna.
(Pr 29,3)

Nunca te entregues às prostitutas, para não acontecer que percas com os teus haveres.
(Eclo 9,6)

Toda mulher que se entrega à devassidão é como o esterco que se pisa na estrada.
(Eclo 9,10)

Envergonha-te de lançar os olhos sobre uma prostituta.
(Eclo 41,25)

A prostituta seduz o jovem à força de palavras e arrasta-o com as lisonjas de seus lábios. Põe-se ele logo a segui-la, como um boi que é levado ao matadouro, como um cervo que se lança nas redes, até que uma flecha lhe transpassa o fígado, como o pássaro que se precipita para o laço sem saber que se trata de um perigo para sua vida.
(Pr 7,21)

Que vosso coração não se deixe arrastar pelos caminhos dessa mulher, nem vos extravieis em suas veredas, porque numerosos são os feridos por ela e considerável é a multidão de suas vítimas. Sua casa é o caminho da região dos mortos, que conduz às entranhas da morte.
(Pr 7,25)

Por uma meretriz o homem se reduz a um pedaço de pão.
(Pr 6,26)

A boca das meretrizes é uma cova profunda.
(Pr 22,14)

Quem se une às prostitutas é um homem de nenhuma valia: tornar-se-á pasto da podridão e dos vermes.
(Eclo 19,3)

Como um viajante sedento abre a boca diante da fonte e bebe toda água que encontra, assim senta-se a meretriz em qualquer cama até desfalecer, e a qualquer flecha abre sua aljava.
(Eclo 26,15)

Quem se ajunta a uma prostituta, faz-se um só corpo com ela.
(1Cor 6,16)

PROVIDÊNCIA

A prosperidade do homem está na mão de Deus.
(Eclo 10,5)

Não são os frutos da terra que alimentam o homem, mas é a vossa palavra que conserva a vida, ó Senhor.
(Sb 16,26)

Não andeis demasiadamente preocupados da vossa vida, pelo que haveis de comer; nem do vosso corpo, pelo que haveis de vestir... Considerai os corvos, eles não semeiam nem ceifam, nem têm despensa nem celeiro; entretanto, Deus os sustenta. Quanto mais valeis vós do que eles?... Considerai os lírios, como crescem; não fiam nem tecem; contudo, digo-vos, nem Salomão em toda a sua glória jamais se vestiu como um deles. Se Deus, portanto, veste assim uma erva que hoje está no campo e amanhã se lança ao fogo, quanto mais a vós homens de pobre fé? Não vos inquieteis com o que haveis de comer ou beber; e não andeis com vãs preocupações. Porque os homens do mundo é que se preocupam com todas estas coisas. Mas vosso Pai bem sabe que precisais de tudo isso. Buscai em primeiro lugar o reino de Deus e sua justiça e todas estas coisas vos serão dadas por acréscimo.
(Lc 12,22; Mt 6,25)

PRUDÊNCIA

Não resistas face a face ao homem poderoso; não te oponhas ao curso do rio.
(Eclo 4,32)

Não tenhas desavenças com um rico para que não suceda que ele te mova um processo.
(Eclo 8,2)

Não empreendas coisas em demasia... se empreenderes muitos negócios não poderás abrangê-los.
(Eclo 11,10)

Quem se descuida das coisas pequenas, pouco a pouco cairá.
(Eclo 19,1)

Os filhos deste mundo são mais prudentes que os filhos da luz.
(Lc 16,8)

Quero que sejais prudentes no bem e simples diante do mal.
(Rm 16,19)

PUREZA

Felizes aqueles cuja vida é pura, e andam no caminho do Senhor.
(Sl 118,1)

Bem-aventurados os corações puros, porque verão a Deus.
(Mt 5,8)

Tudo é puro para os puros.
(Tt 1,15)

A religião pura e sem mácula aos olhos de Deus é esta: visitar os órfãos e as viúvas em suas aflições e conservar-se puro da corrupção deste mundo.
(Tg 1,27)

REI

O Senhor é terrível para os reis da terra.
(Sl 75,13)

O trono de um rei firma-se com a justiça.
(Pr 20,28)

Não convém aos reis beber vinho, nem aos príncipes dar-se aos licores.
(Pr 31,4)

Uma vantagem para uma nação é se o rei se ocupa com a terra cultivada.
(Ecl 5,8)

Não digas mal do rei, nem mesmo em pensamento!... um passarinho do céu poderia levar a tua palavra.
(Ecl 10,20)

As palavras do rei são como oráculos: quando ele julga, sua boca não erra.
(Pr 16,10)

A palavra do rei é soberana e quem ousaria dizer-lhe: "Que fazes?"
(Ecl 8,4)

REINO DE DEUS

Buscai antes de tudo o reino de Deus e sua justiça e todas as coisas vos serão dadas por acréscimo.
(Lc 12,31; Mt 6,33)

Quem não receber o reino de Deus como uma criancinha, nele não entrará.
(Lc 8,17)

Todo o que não receber o reino de Deus com a mentalidade de uma criança, nele não entrará.
(Mc 10,15)

O reino de Deus não é comida nem bebida, mas justiça, paz e gozo no Espírito Santo.
(Rm 14,17)

Quem não nascer da água e do Espírito não poderá entrar no reino de Deus.
(Jo 3,5)

O reino de Deus não consiste em palavras, mas em atos.
(1Cor 4,20)

RELAÇÕES SOCIAIS

Não convivas com um homem mal-educado.
(Eclo 8,5)

Não tenhas desavenças com um homem irascível.
(Eclo 8,19)

Não disputes com um homem poderoso; não tenhas desavenças com um rico, para não suceder que ele te mova um processo.
(Eclo 8,1)

Pagai a todos o que lhes é devido: o imposto, a quem deveis o imposto; o tributo, a quem deveis o tributo; o temor e a honra, a quem deveis o temor e a honra.
(Rm 13,7)

Dai a César o que é de César, e a Deus o que é de Deus.
(Lc 20,25)

RELIGIÃO

O culto de Deus é abominado pelo pecador.
(Eclo 1,32)

... Entregando-se a orgias desenfreadas de religiões exóticas, eles não guardam a honestidade nem na vida, nem no casamento... tudo está numa confusão completa: sangue, homicídio, furto, fraude, corrupção, deslealdade, revolta, perjúrio, contaminação das almas, perversão dos sexos, instabilidade das uniões, adultérios, impudicícias.
(Sb 14,23)

A minha casa se chamará casa de oração para todos os povos.
(Is 56,7)

Roubais, matais, cometeis adultérios, prestais juramentos falsos... E depois vindes apresentar-vos diante de mim, nesta casa em que foi invocado meu nome e exclamais: Estamos salvos!, –

211

para em seguida voltar a cometer todas essas abominações. É por acaso aos vossos olhos uma caverna de bandidos esta casa em que meu nome foi invocado?
(Jr 7,9)

Se alguém pensa ser piedoso e não refreia sua língua, é vã sua religião.
(Tg 1,26)

Por causa da vossa tradição anulais a palavra de Deus. Hipócritas! É bem de vós que fala o profeta Isaías: "Este povo somente me honra com os lábios, seu coração, porém, está longe de mim. Vão é o culto que me prestam, porque ensinam preceitos que só vem dos homens".
(Mt 15,6)

Está escrito: "Minha casa é casa de oração". Mas vós fizestes dela uma caverna de ladrões.
(Mt 21,13)

A religião pura e sem mácula aos olhos de Deus, é esta: visitar os órfãos e as viúvas em suas aflições e conservar-se puro da corrupção deste mundo.
(Tg 1,27)

RENÚNCIA

Se alguém quer vir após mim, renegue-se a si mesmo, tome sua cruz cada dia e siga-me.
(Lc 9,23; Mc 8,34)

Quem não renuncia a tudo quanto possui não pode ser meu discípulo.
(Lc 14,33)

Se queres ser perfeito, vai, vende teus bens, dá-os aos pobres e terás um tesouro no céu. Depois vem e segue-me.
(Mt 19,21)

RESPEITO HUMANO

Não mostre favoritismo a pessoas até a ponto de pecar.
(Eclo 42,1)

Há quem perca sua alma por causa do respeito humano.
(Eclo 20,24)

Se nesta geração adúltera e pecadora alguém se envergonhar de mim e das minhas palavras, também o Filho do Homem se envergonhará dele, quando vier na glória de seu Pai com os seus santos anjos.
(Mc 8,38)

RESPONSABILIDADE

Deus fará prestar contas de tudo o que está oculto, todo ato, seja ele bom ou mau.
(Ecl 12,14)

É o pecador que deve perecer. Nem o filho responderá pelas faltas do pai, nem o pai pelas do filho. É ao justo que se imputará sua justiça e ao mau sua malícia.
(Ez 18,20)

A quem muito se deu, muito se exigirá. Quanto mais se confiar a alguém, dele mais se há de exigir.
(Lc 12,48)

RESSURREIÇÃO

Na ressurreição, os homens não terão mulheres, nem as mulheres maridos, mas serão como anjos de Deus no céu.
(Mt 22,30; Mc 12,25)

Deus, como ressuscitou o Senhor, também nos ressuscitará a nós pelo seu poder.
(1Cor 6,14)

Os que praticaram o bem irão para a ressurreição da vida e os que praticaram o mal, ressuscitarão para serem condenados.
(Jo 5,29)

Se Cristo não ressuscitou, é vã a nossa pregação e vã a vossa fé. Se for só por esta vida que temos colocado nossa esperança em Cristo, de todos os homens somas os mais dignos de lástima.
(1Cor 15,17)

Se os mortos não ressuscitam, comamos e bebamos, porque amanhã morreremos.
(1Cor 15,32)

Assim é a ressurreição dos mortos: semeado em corrupção, o corpo ressuscita incorruptível; semeado no desprezo, ressuscita glorioso; semeado na fraqueza, ressuscita vigoroso; semeado corpo animal, ressuscita corpo espiritual.
(1Cor 15,42)

RIQUEZA

O homem que vive na opulência e não reflete é semelhante ao gado que se abate.
(Sl 48,21)

Não temas quando alguém se torna rico, quando aumenta o luxo de sua casa. Morrendo, nada levará consigo, nem sua fortuna descerá com ele.
(Sl 48,17)

Os pecadores tranquilamente aumentam suas riquezas.
(Sl 72-12)

Quem confia em sua riqueza cairá.
(Pr 11,28)

A riqueza não é eterna e a coroa não permanece através das gerações.
(Pr 27,24)

Aquele que ama o dinheiro nunca se fartará e aquele que ama a riqueza não tira proveito dela; isso é vaidade.
(Ecl 5,9)

A abundância do rico o impede de dormir.
(Ecl 5,11)

Vi uma dolorosa miséria debaixo do sol: as riquezas que um possuidor guarda para sua própria desgraça.
(Ecl 5,12)

Não contes com riquezas injustas.
(Eclo 5,1)

Não te inquietes atrás de riquezas injustas.
(Eclo 5,10)

O que se gloria de suas riquezas, acautele-se para não se tornar pobre.
(Eclo 10,34)

A riqueza é boa para quem não tem a consciência pesada.
(Eclo 13,30)

Para o homem avarento e cúpido a riqueza é inútil.
(Eclo 14,3)

Quem procura enriquecer afasta os olhos de Deus.
(Eclo 27,1)

As vigílias para enriquecer ressecam a carne, a preocupação por elas tira o sono.
(Eclo 31,1)

Aquele que ama o ouro não estará isento de pecado, aquele que busca a corrupção será por ela cumulado.
(Eclo 31,5)

O ouro é obstáculo para aqueles que se lhe oferecem em sacrifício... ele fará perecer todos os insensatos.
(Eclo 31,7)

Todo presente e todo bem mal adquirido perecerão... as riquezas dos injustos secarão como torrente.
(Eclo 40,12)

Numerosos são os amigos do rico.
(Pr 14,20)

Para o sábio a riqueza é uma coroa.
(Pr 14,24)

O rico domina os pobres.
(Pr 22,7)

Não te fadigues para enriquecer.
(Pr 23,4)

Se Deus dá ao homem bens e riquezas e lhe concede delas comer e delas tomar sua parte, este é um dom de Deus.
(Ecl 5,18)

Não tenhas desavença com um rico, para que não suceda que ele te mova um processo.
(Eclo 8,2)

É a bênção do Senhor que enriquece, o labor nada acrescenta a ela.
(Pr 10,22)

Não prendais nas riquezas o vosso coração.
(Sl 61,11)

Mais vale o pouco com justiça do que muitos bens com a iniquidade.
(Pr 16,8)

Ai daqueles que vivem comodamente e daqueles que vivem tranquilos nos montes da Samaria.
(Am 6,1)

Ai daqueles que procuram lucros criminosos para sua casa.
(Hab 2,9)

Ai de vós que ajuntais casa com casa e que acrescentais campo a campo, até que não haja mais lugar e que sejais os únicos proprietários do país!
(Is 5,8)

Bem-aventurado o rico que foi achado sem mácula, que não correu atrás do ouro, que não colocou sua esperança no dinheiro e nos tesouros!
(Eclo 31,8)

Àquele que foi tentado pelo dinheiro e foi encontrado perfeito, está reservada uma glória eterna.
(Eclo 31,10)

Ninguém pode servir a dois senhores, porque ou odiará a um e amará o outro, ou dedicar-se-á a um e desprezará o outro. Não podeis servir a Deus e às riquezas.
(Mt 6,24; Lc 16,13)

Em verdade vos declaro: é difícil para um rico entrar no reino dos céus! Eu vos repito: é mais fácil um camelo passar pelo fundo de uma agulha do que um rico entrar no reino de Deus!
(Mt 19,23; Lc 18,24)

Ai de vós, ricos, porque tendes a vossa consolação! Ai de vós, que estais fartos, porque vireis a ter fome! Ai de vós, que agora rides, porque gemereis e chorareis!
(Lc 6,24)

Aqueles que ambicionam tornar-se ricos caem nas armadilhas do demônio e em muitos desejos insensatos e nocivos, que precipitam os homens no abismo da ruína e da perdição. Porque a raiz de todos os males é o amor ao dinheiro.
(1Tm 6,9)

Guardai-vos de toda avareza, porque a vida do homem, ainda que esteja na abundância, não depende de suas riquezas.
(Lc 12,15)

Fazei-vos amigos com riquezas injustas, para que, no dia em que elas vos faltar, eles vos recebam nos tabernáculos eternos.
(Lc 16,9)

Os ricos não sejam orgulhosos, nem ponham sua esperança nas riquezas incertas, mas em Deus, que nos dá abundantemente todas as coisas para delas fruirmos. Façam o bem, tornem-se ricos em boas obras, sejam generosos e liberais, entesourando para si um sólido tesouro para o futuro, a fim de conquistarem a verdadeira vida.
(1Tm 6,17)

Vós, ricos, chorai e gemei por causa das desgraças que virão sobre vós. Vossas riquezas apodreceram e vossas roupas foram comidas pela traça. Vosso ouro e vossa prata enferrujaram-se e a sua ferrugem dará testemunho contra vós e devorará vossas carnes como fogo. Eis que o salário que defraudastes aos trabalhadores clama, e seus gritos chegaram aos ouvidos do Senhor dos Exércitos. Tendes vivido em delícias e em dissoluções sobre a Terra e saciastes os vossos corações para o dia da matança!
(Tg 5,1)

Tu dizes: "Sou rico, faço bons negócios, de nada necessito", e não sabes que és infeliz, miserável, pobre, cego e nu!
(Ap 3,17)

Os ricos passarão como a flor dos campos. Desponta o sol com ardor, seca a erva, cai sua flor e perde a beleza de seu aspecto. Assim também murcha o rico em suas empresas.
(Tg 1,10)

RISO
O insensato eleva a voz quando ri... o homem sábio sorri discretamente.
(Eclo 21,23)

Ai de vós, que agora rides, porque gemereis e chorareis!
(Lc 6,25)

ROUBO
Uma balança falsa não é coisa boa.
(Pr 20,23)

Ter dois pesos e duas medidas é objeto de abominação para o Senhor.
(Pr 20,10)

SABEDORIA

A sabedoria pertence aos cabelos brancos... a longa vida confere a inteligência.
(Jó 12,12)

O temor de Deus é o início da sabedoria.
(Sl 110,110)

Vossas palavras, Senhor, são uma verdadeira luz, que dá sabedoria aos simples.
(Sl 118,130)

Os insensatos desprezam a sabedoria e a instrução.
(Pr 1,7)

Até quando os tolos odiarão a ciência?
(Pr 1,22)

O Senhor é quem dá a sabedoria e de sua boca é que procede a ciência e a prudência.
(Pr 2,6)

Quem se apega à sabedoria é um homem feliz.
(Pr 3,18)

A glória será o prêmio do sábio, a ignomínia será a herança dos insensatos.
(Pr 3,35)

Recebei a instrução e não o dinheiro; preferi a ciência ao fino ouro.
(Pr 8,10)

A sabedoria vale mais do que as pérolas e joia alguma a pode igualar.
(Pr 8,11)

Quem acha a sabedoria encontra a vida e alcança o favor do Senhor.
(Pr 8,35)

A sabedoria mora com os humildes.
(Pr 11,2)

Avalia-se um homem segundo a sua inteligência.
(Pr 12,8)

O homem prudente oculta sua sabedoria.
(Pr 12,23)

O ensinamento do sábio é uma fonte de vida, para libertar-se dos laços da morte.
(Pr 13,14)

Quem visita os sábios será sábio.
(Pr 13,20)

No coração do prudente repousa a sabedoria.
(Pr 14,33)

O sábio escala o caminho da vida.
(Pr 15,24)

Adquirir a sabedoria vale mais do que o ouro; antes adquirir a inteligência do que a prata.
(Pr 16,16)

A inteligência é fonte de vida para quem a possui.
(Pr 16,22)

Sem a ciência, nem mesmo o zelo é bom.
(Pr 19,2)

A sabedoria é tão boa como uma herança.
(Ecl 7,11)

Está-se à sombra da sabedoria como se está à sombra do dinheiro: a utilidade do saber consiste em que a sabedoria dá vida ao que a possui.
(Ecl 7,12)

A sabedoria dá ao sábio mais força que dez chefes de guerra reunidos numa cidade.
(Ecl 7,19)

A sabedoria de um homem ilumina seu semblante e a severidade de seus traços é modificada por ela.
(Ecl 8,1)

A sabedoria vale mais do que a força, mas a sabedoria do pobre é desprezada e às suas palavras não se dá crédito.
(Ecl 9,16)

A sabedoria vale mais do que as máquinas de guerra.
(Ecl 9,18)

Um pouco de loucura é suficiente para corromper a sabedoria.
(Ecl. 10,1)

A sabedoria não entrará numa alma maligna nem habitará no corpo sujeito ao pecado.
(Sb 1,4)

Resplandecente é a sabedoria e sua beleza é inalterável. Os que a amam descobrem-na facilmente.
(Sb 6,12)

Amar a sabedoria é obedecer às suas leis, e obedecer às suas leis é garantir a imortalidade.
(Sb 6,18)

Todo ouro ao lado da sabedoria é apenas um pouco de areia, e todo dinheiro diante dela será contado como lama.
(Sb 7,9)

A claridade que emana da sabedoria jamais se extingue.
(Sb 7,12)

Com a sabedoria me vieram todos os bens e nas suas mãos inumeráveis riquezas.
(Sb 7,11)

A sabedoria é para os homens um tesouro inesgotável.
(Sb 7,14)

Deus somente ama quem vive com a sabedoria!
(Sb 7,28)

Por meio da sabedoria obterei a imortalidade, e deixarei à posteridade uma lembrança eterna.
(Sb 8,13)

Toda sabedoria vem do Senhor Deus.
(Eclo 1,1)

A sabedoria foi criada antes de todas as coisas e a inteligência prudente existe antes dos séculos!
(Eclo 1,4)

O Verbo de Deus nos céus é fonte de sabedoria, seus caminhos são os mandamentos eternos.
(Eclo 1,5)

Meu filho, tu que desejas ardentemente a sabedoria, sê justo e Deus ta concederá.
(Eclo 1,33)

Aquele que ama a sabedoria ama a vida.
(Eclo 4,13)

Aqueles que possuem a sabedoria terão a vida como herança e Deus abençoará todo lugar onde ela entrar.
(Eclo 4,14)

Em Deus se encontra a sabedoria, o conhecimento e a ciência da lei.
(Eclo 11,15)

Em toda sabedoria reside o cumprimento da lei.
(Eclo 19,18)

Mais vale o homem que tem pouca sabedoria, e a quem falta o senso, mas que tem o temor (a Deus), do que o homem que possui uma grande inteligência, e que transgride a Lei do Altíssimo.
(Eclo 19,21)

Sabedoria escondida é tesouro invisível... Mais vale quem dissimula sua insipiência do que o que esconde sua sabedoria.
(Eclo 20,32)

A sabedoria e o bom-senso são a consumação do temor de Deus.
(Eclo 21,13)

Há uma sabedoria que produz muito mal.
(Eclo 21,15)

O homem sábio sorri discretamente.
(Eclo 21,23)

A sabedoria do humilde levantará a sua cabeça e o fará sentar-se no meio dos grandes.
(Eclo 11,1)

A sabedoria sempre emprega com oportunidade o chicote e a instrução.
(Eclo 22,6)

A sabedoria do letrado lhe vem no tempo de lazer. Aquele que pouco se agita adquirirá a sabedoria.
(Eclo 38,25)

O sábio procura cuidadosamente a sabedoria dos antigos e aplica-se ao estudo dos profetas, e penetra nos mistérios das máximas. Descortina os segredos dos provérbios e vive com o sentido oculto das parábolas.
(Eclo 39,1)

O Senhor fez todas as coisas: ele dá sabedoria àqueles que vivem com piedade.
(Eclo 43,37)

Todos os que seguirem a sabedoria adquirirão a vida e os que a abandonaram caminham para a morte.
(Br 4,1)

Mais vale um moço pobre, mas sábio, do que um rei velho mas insensato, que não aceita mais conselhos.
(Ecl 4,13)

A sabedoria... é um vento que passa. Porque no acúmulo da sabedoria acumula-se muita tristeza e quem aumenta a ciência aumenta a dor.
(Ecl 1,17)

Para que me serve toda a minha sabedoria? Tudo isso é vaidade. Porque a memória do sábio não é mais eterna do que a do insensato. Ambos serão esquecidos. Tanto morre o sábio como o louco.
(Ecl 2,15)

O que é incapaz segundo o mundo, Deus escolheu para confundir os sábios.
(1Cor 1,27)

A sabedoria deste mundo é loucura diante de Deus.
(1Cor 3,19)

SACERDÓCIO

Porque rejeitaste a instrução, excluir-te-ei do meu sacerdócio.
(Os 4,6)

A vós, ó sacerdotes, dou esta ordem: se não me ouvirdes, se não tomardes a peito a glória de meu nome, diz o Senhor dos Exércitos, lançarei contra vós a maldição, trocarei em maldições as vossas bênçãos.
(Ml 2,1)

Os lábios dos sacerdotes guardam a ciência e é de sua boca que se espera a doutrina. Ele é mensageiro do Senhor dos Exércitos.
(Ml 2,7)

Os sacerdotes se santifiquem, para que o Senhor não os fira.
(Êx 19,22)

Teme a Deus... tem um profundo respeito pelos seus sacerdotes.
(Eclo 7,31)

Honra a Deus, respeita os sacerdotes.
(Eclo 7,33)

SACRIFÍCIOS

Por ventura preciso comer carne de touros, ou beber sangue de cabritos? Oferece antes a Deus um sacrifício de louvor e cumpre tuas promessas ao Altíssimo... Honra-me quem me oferece um sacrifício de louvor.
(Sl 49,13)

Os sacrifícios dos pérfidos são abominação para o Senhor.
(Pr 15,8)

O sacrifício dos ímpios é abominável, principalmente quando o oferecem com má intenção.
(Pr 21,27)

O Altíssimo não aprova as dádivas dos injustos nem olha para as ofertas dos maus; a multidão dos seus sacrifícios não lhes conseguirá o perdão de seus pecados.
(Eclo 34,23)

Aquele que oferece um sacrifício arrancado do dinheiro dos pobres é como o que degola o filho sob os olhos do pai.
(Eclo 34,24)

Nada esperes de um sacrifício injusto porque o Senhor é teu juiz.
(Eclo 35,15)

SALÁRIO

A todo o que fizer para ti um trabalho, paga seu salário na mesma hora; que a paga de teu operário não fique um instante em teu poder.
(Tb 4,15)

Ai daquele que faz seu próximo trabalhar sem paga, e lhe recusa o salário.
(Jr 22,13)

O salário não é uma gratificação, mas uma dívida ao trabalhador.
(Rm 4,4)

Vós, ricos, chorai e gemei por causa das desgraças que sobre vós virão... O salário que defraudastes, aos trabalhadores clama, e os seus gritos chegaram aos ouvidos do Senhor dos Exércitos!... Tendes vivido em dissoluções e delícias sobre a terra e saciastes vossos corações para o dia da matança!
(Tg 5,1)

O operário é digno de seu salário.
(Lc 10,7)

SALVAÇÃO

Deus não enviou seu Filho ao mundo para condená-lo, mas para que o mundo seja salvo por ele.
(Jo 3,17)

É crendo com o coração que se obtém a justiça e é professando em palavras que se chega à salvação.
(Rm 10,10)

Aprouve a Deus salvar os que creem pela loucura de sua mensagem.
(1Cor 1,21)

Virá um tempo em que os homens já não suportarão a sã doutrina da salvação. Tendo nos ouvidos o prurido de ouvir novidades, escolherão para si, ao capricho de suas paixões, uma multidão de mestres. Apartarão os ouvidos da verdade e se atirarão às fábulas.
(2Tm 4,3)

Se o justo se salva com dificuldade, aonde irá parar o ímpio e o pecador?
(1Pd 4,18)

SANTIDADE

Não permitireis que vosso Santo conheça a corrupção.
(Sl 15,10)

O homem santo permanece na sabedoria, estável como o sol.
(Eclo 27,12)

Aqueles que santamente observaram as santas leis serão santificados.
(Sb 6,10)

Os ímpios desconhecem os segredos de Deus, não esperam que a santidade seja recompensada, e não acreditam na glorificação das almas puras.
(Sb 2,22)

Procurai a paz com todos e... a santidade, sem a qual ninguém pode ver o Senhor.
(Hb 12,14)

Esta é a vontade de Deus: a vossa santificação.
(1Ts 4,3)

Não sabeis que sois o templo de Deus e que o Espírito de Deus habita em vós? Se alguém destruir o templo de Deus, Deus o destruirá. Porque o templo de Deus, que sois vós, é santo!
(1Cor 3,16)

SAÚDE

Mais vale um pobre sadio e vigoroso que um rico enfraquecido e atacado de doenças.
(Eclo 30,14)

A saúde da alma na santidade e na justiça vale mais que o ouro e a prata.
(Eclo 30,15)

Um corpo robusto vale mais que imensas riquezas.
(Eclo 30,15)

Não há maior riqueza que a saúde do corpo, não há alegria que se iguale à alegria do coração.
(Eclo 30,16)

SEGREDO

Não repitas o que ouviste, não reveles um segredo: assim estarás verdadeiramente isento de embaraço.
(Eclo 42,1)

Não há coisa oculta que não seja manifestada, nem secreta que não venha a ser descoberta.
(Lc 8,17)

SILÊNCIO

O homem sábio guarda silêncio.
(Pr 11,12)

O que mede suas palavras é um homem inteligente.
(Pr 17,27)

Mesmo o insensato passa por sábio quando se cala.
(Pr 17,28)

Quem se cala dá prova de prudência.
(Eclo 19,28)

SOBRIEDADE

Para um homem sábio, um sono salutar; ele dorme até de manhã e sente-se bem.
(Eclo 31,24)

A sobriedade no beber é a saúde da alma e do corpo.
(Eclo 31,37)

O homem sóbrio prolonga sua vida.
(Eclo 37,34)

SOFRIMENTO

Deus instrui o pobre pelo sofrimento.
(Jó 36,15)

Guarda-te de preferir a injustiça ao sofrimento.
(Jó 36,21)

Numerosos são os sofrimentos que suportam os que se entregam a deuses estranhos.
(Sl 15,4)

A dor de um instante faz esquecer os maiores prazeres.
(Eclo 11,29)

A fornalha experimenta as jarras do oleiro; a prova do infortúnio, os homens justos.
(Eclo 27,6)

Quem não toma a sua cruz e não me segue, não é digno de mim.
(Mt 10,38)

Aquele que tentar salvar a sua vida, irá perdê-la. Aquele que a perder, por minha causa, irá reencontrá-la.
(Mt 10,39)

Se alguém quiser vir após mim, renuncie-se a si mesmo, tome sua cruz e siga-me.
(Mt 16,24; Mc 8,34)

Quem não carrega a sua cruz e me segue, não pode ser meu discípulo.
(Lc 14,27)

É coisa agradável a Deus sofrer contrariedades e padecer injustamente, fazendo disto motivo de consciência para com Deus.
(1Pd 2,19)

Os sofrimentos da vida presente não têm proporção alguma com a glória futura que nos deve ser manifestada.
(Rm 8,18)

SONHO

O insensato vive de esperança quimérica. Os imprudentes edificam sobre os sonhos.
(Eclo 34,1)

A adivinhação do erro, os augúrios mentirosos, os sonhos dos maus, tudo isto não passa de vaidade.
(Eclo 34,5)

TEMOR DE DEUS

Agradam ao Senhor somente os que o temem e confiam em sua misericórdia.
(Sl 146,11)

O temor de Deus conduz à vida.
(Pr 19,23)

O temor de Deus é o princípio da sabedoria.
(Pr 1,7)

O temor de Deus é o ódio ao mal.
(Pr 8,13)

O temor de Deus prolonga os dias, mas os anos dos ímpios serão abreviados.
(Pr 10,27)

O temor de Deus é uma fonte de vida, para escapar dos laços da morte.
(Pr 14,27)

Mais vale o pouco com o temor de Deus do que um grande tesouro com a inquietação.
(Pr 15,16)

O temor de Deus é uma escola da sabedoria.
(Pr 15,33)

Pelo temor de Deus evita-se o mal.
(Pr 16,6)

O temor de Deus expulsa o pecado, pois aquele que não tem esse temor não poderá tornar-se justo.
(Eclo 1,27)

Aqueles que temem o Senhor guardam os seus mandamentos.
(Eclo 2,21)

Aquele que teme a Deus praticará o bem.
(Eclo 15,1)

Toda sabedoria consiste no temor de Deus.
(Eclo 19,18)

Aquele que teme o Senhor aceitará sua doutrina.
(Eclo 32,18)

Rico, nobre ou pobre, sua glória é o temor de Deus.
(Eclo 10,25)

O grande, o justo e o poderoso recebem homenagens, mas ninguém é maior do que aquele que teme a Deus.
(Eclo 10,27)

Aquele que teme a Deus não tremerá; de nada terá medo, pois o próprio Senhor é a sua esperança.
(Eclo 34,16)

As riquezas e as energias elevam o ânimo; o temor de Deus, porém, supera umas e outras.
(Eclo 40,26)

Nada falta àquele que tem o temor de Deus, e com ele não há necessidade de outro auxílio.
(Eclo 40,27)

O temor do Senhor é uma gloria, uma fonte de alegria, uma coroa de regozijo. O temor de Deus alegra o coração, dá alegria, regozijo e longa vida; quem teme o Senhor sentir-se-á bem no último instante, no dia da morte será abençoado.
(Eclo 1,11)

Os que temem o Senhor procuram agradá-lo, aqueles que o amam satisfazem-se na sua lei.
(Eclo 2,19)

Os que temem o Senhor preparam o coração, santificam suas almas na presença dele.
(Eclo 2,20)

Aqueles que temem o Senhor terão um juízo justo e farão brilhar como uma tocha a sua justiça.
(Eclo 32,20)

Aquele que teme o Senhor não será surpreendido por nenhuma desgraça, mas Deus o protegerá na provação e o livrará dos males.
(Eclo 33,1)

Os olhos do Senhor estão sobre aqueles que o temem; ele é um poderoso protetor, um sólido apoio. Ele eleva a alma, ilumina os olhos; dá saúde, vida e bênção.
(Eclo 34,19)

Eis que vem um dia ardente como uma fornalha. Todos os soberbos, todos os que cometem o mal, serão como a palha. Esse dia que vai vir os queimará, diz o Senhor dos Exércitos, e nada ficará. Mas sobre vós, que temeis o meu nome, levantar-se-á o sol de Justiça, que traz a salvação em seus raios.
(Ml 4,1)

O temor de Deus é o início da sabedoria; o temor de Deus é a religião da ciência; o temor de Deus é a plenitude da sabedoria; o temor de Deus é a coroa da sabedoria, dá uma plenitude de paz e de frutos de salvação.
(Eclo 1,16)

TENTAÇÃO

Porque eras agradável ao Senhor, foi preciso que a tentação te provasse.
(Tb 12,13)

Deus é fiel, não permitirá que sejais tentados além de vossas forças, mas com as tentações até vos dará os meios de suportá-las e sair delas.
(1Cor 10,13)

TESOURO

Vendei o que possuís e dai esmolas. Fazei para vós um tesouro inesgotável nos céus, aonde não chega o ladrão, onde a traça não o destrói. Pois onde estiver o vosso tesouro, ali estará também vosso coração.
(Lc 12,33)

Não ajunteis para vós tesouros sobre a terra, onde a ferrugem e as traças os corroem, onde os ladrões furtam e roubam. Ajuntai para vós tesouros no céu, onde não os consomem nem as traças nem a ferrugem, e os ladrões não furtam nem roubam. Porque, onde está o teu tesouro, lá também está teu coração.
(Mt 6,19)

TRABALHO

Os laboriosos alcançam fortuna.
(Pr 11,16)

Nada há de melhor para o homem do que alegrar-se com o fruto de seus trabalhos.
(Ecl 3,22)

Doce é o sono do trabalhador, tenha ele pouco ou muito para comer.
(Ecl 5,11)

É esplêndido o fruto de bons trabalhos e a raiz da sabedoria é sempre fértil.
(Sb 3,15)

Não empreendas coisas em demasia... se empreenderes muitos negócios, não poderás abrangê-los.
(Eclo 11,10)

Para quem trabalho eu, privando-me de todo bem-estar? Eis aí uma vaidade e um trabalho ingrato.
(Ecl 4,8)

Quem tira de um homem o pão de seu trabalho é como o assassino de seu próximo; o que derrama o sangue e o que usa de fraude no pagamento de um operário são irmãos.
(Eclo 34,26)

Ai daquele que faz seu próximo trabalhar sem paga e lhe recusa o salário.
(Jr 22,13)

Trabalhai, não pela comida que perece, mas pela que dura até a vida eterna.
(Jo 6,27)

Quem trabalha deve trabalhar com a esperança de receber sua parte.
(1Cor 9,10)

Quem não quiser trabalhar não tem o direito de comer.
(2Ts 3,10)

TRAIÇÃO

A ofensa feita por traição atingirá também o traidor.
(Eclo 27,28)

O delator macula-se a si próprio e é odiado por todos.
(Eclo 21,31)

Ao delator está reservado ódio, inimizade e infâmia.
(Eclo 5,17)

TRANQUILIDADE

Mais vale um punhado de tranquilidade do que dois punhados de trabalho e de vento que passa.
(Ecl 4,6)

TRISTEZA

Tristeza vale mais que riso porque a tristeza do semblante é boa para o coração.
(Ecl 7,3)

Não entregues tua alma à tristeza, não atormentes a ti mesmo em teus pensamentos.
(Eclo 30,22)

Tem compaixão de tua alma e torna-te agradável a Deus e sê firme; concentra teu coração na santidade e afasta a tristeza para longe de ti.
(Eclo 30,24)

A tristeza matou a muitos e não há utilidade alguma nela.
(Eclo 30,25)

Não entregues teu coração à tristeza.
(Eclo 38,21)

A tristeza apressa a morte, tira o vigor e o desgosto do coração faz inclinar a cabeça.
(Eclo 38,19)

Bem-aventurados os que choram, porque serão consolados.
(Mt 5,4)

Bem-aventurados vós que agora chorais, porque vos alegrareis.
(Lc 6,21)

A tristeza segundo Deus produz uma penitência salutar para a salvação, mas a tristeza do mundo produz a morte.
(2Cor 7,10)

UNIÃO

Esforçai-vos por conservar a unidade do Espírito, no vínculo da paz.
(Ef 4,3)

Rogo-vos que todos estejais de pleno acordo e que não haja entre vós dissensões, mas que sejais inteiramente unidos num mesmo espírito e num mesmo sentimento.
(1Cor 1,10)

Julgais que vim trazer paz à terra? Não, digo-vos, mas a separação. Pois de ora em diante haverá numa mesma casa cinco pessoas divididas, três contra duas e duas contra três. Estarão divididos, o pai contra o filho e o filho contra o pai; a mãe contra a filha e a filha contra a mãe; a sogra contra a nora e a nora contra a sogra.
(Lc 12,51)

Aquele que se une ao Senhor torna-se um só espírito com ele.
(1Cor 6,17)

VAIDADE

O que corre atrás das vaidades, fartar-se-á de misérias.
(Pr 28,19)

Vaidade das vaidades! Tudo é vaidade...
(Ecl 1,2)

Vi tudo o que se faz debaixo do sol: eis que tudo é vaidade e vento que passa.
(Ecl 1,14)

Tudo o que acontece é vaidade.
(Ecl 11,8)

Não se envaideça o sábio do saber, nem o forte de sua força, e da riqueza não se orgulhe o rico!
(Jr 9,22)

E assim detestei a vida, pois a meus olhos tudo é mau no que se passa debaixo do sol; sim, tudo é vaidade e vento que passa.
(Ecl 2,17)

O mundo passa com as suas concupiscências.
(1Jo 2,17)

Os enfeites das mulheres não consistam em tranças, em joias de ouro, nem em vestes luxuosas, mas, sim, em boas obras, como convém às mulheres que professam a piedade.
(1Tm 2,9)

Mulheres... não seja vosso adorno o que aparece externamente: cabelos trançados, ornamentos de ouro, vestidos elegantes; mas tende aquele ornato interior e oculto do coração, a pureza incorruptível de um espírito suave e pacífico.
(1Pd 3,3)

VELHICE

A sabedoria pertence aos cabelos brancos, e à longa vida confere a inteligência.
(Jó 12,12)

Os cabelos brancos são uma coroa de glória a quem se encontra no caminho da justiça.
(Pr 16,31)

Os filhos dos filhos são a coroa dos velhos.
(Pr 17,6)

O ornamento dos anciãos são os cabelos brancos.
(Pr 20,29)

Não desprezes o ancião.
(Eclo 8,7)

A experiência consumada é a coroa dos anciãos, o temor de Deus é a sua glória.
(Eclo 25,8)

A inquietação acarreta a velhice antes do tempo.
(Eclo 30,26)

Levanta-te diante dos cabelos brancos; honra a pessoa do velho.
(Lv 19,32)

VERDADE

Não contradigas de modo algum a verdade.
(Eclo 4,30)

Virá um tempo em que os homens já não suportarão a sã doutrina da salvação. Tendo nos ouvidos o prurido de ouvir novidades, escolherão para si, ao capricho de suas paixões, uma multidão de mestres. Apartarão seus ouvidos da verdade e se atirarão às fabulas.
(2Tm 4,3)

Aquele que pratica a verdade vem para a luz. Torna-se assim claro que as suas obras são feitas em Deus.
(Jo 3,21)

VERGONHA

Há uma vergonha que conduz ao pecado e uma vergonha que atrai glória e graça.
(Eclo 4,25)

Porque, se nesta geração adúltera e pecadora alguém se envergonhar de mim e das minhas palavras, também o Filho do Homem se envergonhará dele.
(Mc 8,38)

VÍCIO

Zombeteiro é o vinho, amotinadora é a cerveja. Quem se apega a eles não será sábio.
(Pr 20,1)

O que ama o vinho não se enriquecerá.
(Pr 21,17)

Não te ajuntes com os bebedores de vinho nem com os devoradores de carne, porque o ébrio e o glutão se empobrecem.
(Pr 23,20)

O vinho e as mulheres fazem sucumbir até os sábios.
(Eclo 19,2)

A fascinação do vício atira um véu sobre a beleza moral, e o movimento das paixões mina uma alma ingênua.
(Sb 4,12)

Não procureis a morte com ardor por uma vida desregrada; não sejais o próprio artífice de vossa ruína. Deus não é o autor da morte, a perdição dos vivos não lhe dá nenhuma alegria.
(Sb 1,12)

A embriaguez inspira a ousadia e faz pecar o insensato; abafa as forças e causa feridas.
(Eclo 31,40)

VIDA

A vida do homem sobre a terra é uma luta, seus dias são como os dias de um mercenário. Como um escravo suspirando pela sombra, assim tive por quinhão meses de sofrimento.
(Jó 7,1)

Nossos dias sobre a terra passam como a sombra.
(Jó 8,9)

O homem nascido de mulher vive pouco tempo e é cheio de misérias; é como uma flor que germina e logo fenece; uma sombra que foge sem parar.
(Jó 14,1)

Apenas um sopro é o homem.
(Sl 38,12)

O homem passa como uma sombra; em vão ele se agita. Entesoura riquezas sem saber para quem as deixa.
(Sl 38,7)

O homem é semelhante ao sopro da brisa; seus dias são como a sombra que passa.
(Sl 143,4)

É fumaça a respiração de nossas narinas e nosso pensamento é uma centelha que salta do bater do nosso coração.
(Sb 2,2)

A passagem de uma sombra: eis nossa vida!
(Sb 2,5)

Uma grande inquietação foi imposta a todos os homens e um pesado jugo acabrunha os filhos de Adão desde o dia em que saem do seio materno até o dia em que são sepultados no seio da mãe comum de todos.
(Eclo 40,1)

O homem não é senhor de seu sopro de vida, nem é capaz de retê-lo. Ninguém tem poder sobre o dia de sua morte, nem faculdade de afastar esse combate. O crime não pode salvar o criminoso.
(Ecl 8,8)

A duração da vida humana é quando muito cem anos. No dia da eternidade esses breves anos serão contados como uma gota de água do mar, como um grão de areia.
(Eclo 18,8)

A vida criminosa do mau é pior do que a morte.
(Eclo 22,12)

Doce é a vida do operário que se basta a si próprio: vivendo assim, encontrará um tesouro.
(Eclo 40,18)

Eu detestei a vida, pois a meus olhos tudo é mau no que se passa debaixo do sol; sim, tudo é vaidade e vento que passa.
(Ecl 2,17)

Julguei os mortos, que já faleceram, mais felizes que os vivos, que ainda estão em vida; porém, mais feliz que eles é aquele que

não chegou a nascer, porque não viu o mal que se comete debaixo do sol.
(Ecl 4,2)

Nossa vida passará como os traços de uma nuvem, ela se desvanecerá como uma névoa que os raios do sol expulsam, e que seu calor dissipa.
(Sb 2,4)

Quem quiser salvar sua vida perdê-la-á, mas quem quiser sacrificar sua vida por amor de mim, salvá-la-á.
(Lc 9,56)

O Filho do Homem não veio para perder as vidas dos homens, mas para salvá-las.
(Lc 9,56)

A vida do homem não depende de suas riquezas.
(Lc 12,15)

Não andeis demasiadamente preocupados da vossa vida, pelo que haveis de comer; nem do vosso corpo, pelo que haveis de vestir. A vida vale mais que o sustento, e o corpo, mais que as vestes. Considerai os lírios, como crescem; não fiam nem tecem; contudo, eu vos digo, nem Salomão, em toda a sua glória, se vestiu como um deles.
(Lc 12,22)

Os que vivem segundo a carne, gostam do que é carnal; mas os que vivem segundo o espírito, apreciam as coisas que são do es-

pírito. Ora, a aspiração da carne é a morte, ao passo que a aspiração do espírito é a vida e a paz.
(Rm 8,5)

Os que vivem segundo a carne não podem agradar a Deus.
(Rm 8,8)

Vigiai com cuidado sobre a vossa conduta: que ela não seja conduta de insensatos, mas de sábios, que aproveitam ciosamente o tempo.
(Ef 5,15)

Afeiçoai-vos às coisas lá de cima, e não às da terra. Porque estais mortos, e vossa vida está escondida com Cristo em Deus.
(Cl 3,2)

Que é a vida? É um vapor que aparece por um instante e depois se desvanece.
(Tg 4,14)

VIGILÂNCIA

Bem-aventurados os servos a quem o Senhor achar vigilantes quando vier. Estai, pois, preparados, porque, à hora em que menos pensais, virá o Filho do Homem.
(Lc 12,37)

Vigiai com cuidado sobre vossa conduta: que ela não seja conduta de insensatos, mas de sábios que aproveitam ciosamente o tempo.
(Ef 5,15)

VINGANÇA

Aquele que se quer vingar sofrerá a vingança do Senhor.
(Eclo 28,1)

A morte, o sangue, a espada, as opressões, a fome, a ruína e os flagelos foram todos criados para os maus.
(Eclo 40,9)

Há espíritos que foram criados para a vingança... No tempo do extermínio manifestarão sua força, e apaziguarão a fúria daquele que os criou. Fogo, granizo, fome e morte, tudo isso foi criado para a vingança, como também os dentes dos animais, os escorpiões, as serpentes e a espada vingadora destinada ao extermínio dos ímpios. Todas essas coisas se regozijam com as ordens do Senhor, e mantêm-se prontas sobre a terra para servir oportunamente.
(Eclo 39,33)

Olho por olho, dente por dente, mão por mão, pé por pé, queimadura por queimadura, ferida por ferida, golpe por golpe.
(Êx 21,24)

Não pagueis a ninguém o mal com o mal. Aplicai-vos a fazer o bem diante de todos os homens.
(Rm 12,17)

Não vos vingueis por vossas mãos, mas deixai agir a ira de Deus... Não te deixes vencer pelo mal, mas vence o mal pelo bem.
(Rm 12,19)

VINHO

O fogo põe à prova a dureza do ferro: assim o vinho, bebido em excesso, revela o coração dos orgulhosos.
(Eclo 31,31)

O excesso na bebida causa a irritação, a cólera e numerosas catástrofes.
(Eclo 31,38)

O mau proceder, o vinho e o mosto abafam a razão.
(Os 4,11)

O vinho é pérfido.
(Hab 2,5)

O vinho e as mulheres fazem sucumbir até os sábios.
(Eclo 19,2)

Não incites a beber aquele que ama o vinho, pois o vinho perdeu a muitos deles.
(Eclo 31,30)

Não consideres o vinho: "como é vermelho! como brilha no copo...". Mas no fim morde como uma serpente e pica como um basilisco.
(Pr 23,31)

O operário dado ao vinho não se enriquecerá.
(Eclo 19,1)

O vinho, bebido moderadamente, é a alegria da alma e do coração... O vinho, bebido em demasia, é a aflição da alma.
(Eclo 31,36, 39)

O vinho e a música alegram o coração.
(Eclo 40,20)

No princípio o vinho foi criado para a alegria, não para a embriaguez.
(Eclo 31,35)

Que é a vida do homem a quem falta o vinho?
(Eclo 31,33)

O vinho, bebido sobriamente, é como a vida para os homens; se o beberes moderadamente, serás sóbrio.
(Eclo 31,32)

VIUVEZ

Honra as viúvas que são realmente viúvas... A verdadeira viúva, aquela que ficou sozinha no mundo, põe a sua esperança em Deus e persevera noite e dia em orações e súplicas. Aquela, pelo contrário, que vive nos prazeres, está morta, embora pareça viva.
(1Tm 5,3)

Rejeita as viúvas moças, porque, quando os atrativos da paixão as apartam de Cristo, querem casar-se de novo... Além disso, ociosas, habituam-se a andar de casa em casa; não somente ociosas, mas também tagarelas e intrigantes, falando o que não de-

vem. Quero, pois, que as viúvas moças se casem, criem filhos e que governem bem a sua casa, para não dar a ninguém o ensejo de crítica.
(1Tm 5,11)

VIZINHO

Mais vale um vizinho perto do que um irmão distante.
(Pr 27,10)

Põe raramente o pé na casa do vizinho; enfastiado de ti, ele viria a te aborrecer.
(Pr 25,17)

VOCAÇÃO

Feliz aquele que vós escolheis, ó Senhor, e chamais para habitar em vossos átrios!
(Sl 64,5)

Felizes os que habitam em vossa casa, Senhor, aí eles vos louvam para sempre.
(Sl 83,6)

Meu filho, se entrares para o serviço do Senhor, permanece firme na justiça e no temor e prepara tua alma para a provação.
(Eclo 2,1)

Se queres ser perfeito, vai, vende teus bens, dá-os aos pobres, e terás um tesouro no céu. Depois, vem e segue-me.
(Mt 19,21)

Se alguém me quer seguir renuncie-se a si mesmo, tome a sua cruz e siga-me. Porque o que quiser salvar sua vida irá perdê-la; mas o que perder a sua vida por amor de mim e do Evangelho irá salvá-la. Pois que aproveitará ao homem ganhar o mundo inteiro, se vier a perder a sua vida? Ou que dará o homem em troca de sua vida?
(Mc 8,34)

O que é incapaz segundo o mundo, Deus o escolheu para confundir os sábios; e o que é fraco segundo o mundo, Deus o escolheu para confundir os fortes.
(1Cor 1,27)

VOTO

Mais vale não fazer voto do que prometer e não ser fiel à promessa.
(Ecl 5,4)

ZELO

Sem a ciência, nem mesmo o zelo é bom.
(Pr 19,2)

Se fordes zelosos do bem, quem vos poderá fazer mal? Sereis até felizes, se padecerdes alguma coisa por causa da justiça.
(1Pd 3,13)